(492e

Vente du Lundi 2 au Jeudi 5 Avril 1883

RUE DROUOT, 9, SALLE No 4

Au premier étage

A UNE HEURE PRÉCISE

BELLE COLLECTION

DE

PORTRAITS

ET

ESTAMPES

ÉCOLE DU XVIIIe SIÈCLE

En **noir** et en **couleur**

EXPOSITION PUBLIQUE

Le Dimanche 1er Avril 1883, de 1 heure à 4 heures.

2e PARTIE

Me Maurice DELESTRE

COMMISre-PRISEUR

Rue Drouot, 27

M. VIGNÈRES

Rue de la Monnaie, 21

Chez lequel se distribue le Catalogue

PARIS — 1883

5053 - 50
7630 - 50
13440 -
17422 -
—————
43546

Vente Roth —

annotation complétée d'après
l'exemplaire de Danlos —

annonce au Figaro		88		36.324
a · 40 Montages a 5ᶜ		2		
— 60 a 10ᶜ		6		
1 71 a 15		10	65	
— 6 a 30		1	20	
X 39 a 35		9	75	117
				36,207

Vdt 2545 Tome 2

CATALOGUE

D'UNE BELLE COLLECTION

DE

PORTRAITS

PAR ET D'APRÈS

Bonnart, Carmontelle, Ceroni, Daullé, Ficquet, Grateloup, Nanteuil
Nattier, Saint-Aubin, Savart, etc.
École ancienne

PIÈCES HISTORIQUES

VIGNETTES, ILLUSTRATIONS

ÉCOLE DU XVIIIᵉ SIÈCLE

Baudouin, Boucher, Coypel, Freudeberg, Greuze, Lavrince
MOREAU, Costume physique et moral
Picart Tabatières, Saint-Aubin, Watteau, etc.

CONTES DE LA FONTAINE

PORTRAITS ET SUJETS EN COULEUR

Par Bartolozzi, Bonnet, Boucher, Debucourt, Demarteau, Janinet
Lavreince, Regnault, Saint-Aubin, etc.

QUELQUES DESSINS

Portefeuilles et Boîtes de la Collection

2ᵉ PARTIE

DONT LA VENTE AURA LIEU

Les 2, 3, 4 et 5 Avril 1883

PARIS — 1883

ORDRE DES VACATIONS

PREMIÈRE VACATION — Lundi 2 Avril

Portraits.............................. Nᵒˢ 1 à 204

DEUXIÈME VACATION — Mardi 3 Avril

Portraits, Pièces historiques, Vignettes..... Nᵒˢ 205 à 357
École du XVIIIᵉ siècle .... 358 à 411

TROISIÈME VACATION — Mercredi 4 Avril

École du XVIIIᵉ siècle.................... Nᵒˢ 412 à 587
Contes de La Fontaine.................... 588 à 613

QUATRIÈME VACATION — Jeudi 5 Avril

Contes de La Fontaine.................... Nᵒˢ 614 à 654
Estampes en couleur...................... 655 à 812
Dessins, Portefeuilles, Boîtes.............. 813 à 821

CONDITIONS DE LA VENTE

Elle sera faite au comptant.

Les Acquéreurs paieront, en sus des adjudications, CINQ POUR CENT, applicables aux frais.

M. VIGNÈRES, chargé de la Vente, remplira les Commissions.

NOTA. Toute Commission sans prix fixé ou sans limite déterminée sera regardée comme nulle.

M. VIGNÈRES se charge de faire marquer les prix aux Catalogues des Ventes qu'il a faites. Les personnes qui le désirent peuvent s'adresser à lui *franco*.

Plusieurs Amateurs éloignés en ont reconnu l'utilité pour les guider dans leurs achats sur les valeurs des Estampes.

Les Catalogues des Ventes à faire seront envoyés aux personnes qui en feront la demande *affranchie*.

AVIS. — Nous prions MM. les Amateurs éloignés de ne pas attendre au dernier jour, pour que les lettres arrivent le matin de la vente, les lettres étant distribuées après mon départ.

Choix de Catalogues avec prix marqués.

		16,85	
780 Catalogues affranchis	78		43,546
10 Mains chemises à 1/50	15		
Honoraires 10 %	4354 60		
900 Catalogues	685		
100 affiches et affichage	52 55	5,185 15	
Insertions au Moniteur des Ventes	39 70		
Déclaration de Vente	2 20		
Timbre du procès verbal	10 80		
Enregistrement	1,089		
Versement en Bourse commune	1,271 90		
Honoraires de M. Delestre	1,371 90		
Clerc et crieur	48		
Location de la Salle 4 — 5 jours	156 20		
Transport à l'hôtel	10		
5 journées de Commissionaire	25 10		
Pour supplement de travail	87		
Enregistrement de la Décharge	3 75		
	9,398 70		
Déduire les 5 % des acquereurs	2,177 30	7,221	
			36,324

CATALOGUE

PORTRAITS

CLASSÉS PAR NOMS D'ARTISTES

1 **Affiche.** Au grand Louis. — Mabille, marchand Bonnetier, rue Dauphine. 1735, avec en-tête sur bois. D'une grande rareté.

2 **Anonyme.** Louis XV. — Le Dauphin et la Dauphine, médaillé et son revers, eau-forte pure et terminée, 2 p. in-12 en travers, Superbes.

3 **Auvray.** Caroline de **Lichtfield.** Rond in-fol. Marge.

4 **B. K.** Maria-Josepha-Antonia-Benedicta-Petronilla-Rosalia, archiduchesse d'Autriche. In-fol. Grande marge.

5 **Balechou.** Anne-Charlotte Gauthier de Loiserolles, femme d'Aved. In-fol., superbe ép.

6 **Baquoy.** Le Kain, d'après *Le Noir.* Par *Gabriel*, 2 p. in-8. Superbes ép., toute marge.

7 **Beauvarlet.** Mᵐᵉ la comtesse **Du Barry.** Petit in-fol., d'après *Drouais*, Magnifique ép., avant la lettre, grande marge.

8 **Bertonnier**. Marie-Antoinette, la tablette blanche, sur Chine. — La même, la lettre blanche, 2 p. in-8, tirées des Oraisons funèbres. Superbes ép., toute marge.

9 — **Marie-Antoinette**, in-8, pour les Oraisons funèbres, Magnifique ép., lettre grise, sur Chine, marge, in-fol.

10 **Blanchard**. Joséphine, impératrice, assise dans un parc, d'après *Prudhon*, in-4. Superbe ép., en bistre, toute marge.

11 **Boizot** 1775 (M. L. A.), Marie-Antoinette, profil à droite, petit in-fol. Superbe ép. toute marge.

Bonnart et autres (Suite de). Portraits en pied, petit in-fol.

12 — Mlle d'Armagnac. *Wolffgang fecit*. Très belle.

13 — Mme la princesse de **Bade**, chez *Mariette*. Superbe.

14 — La duchesse de **Bavière** en habit d'été. *Danckerts fecit*.

15 — La duchesse de **Bavière**, fille du roi de Pologne, chez *Trouvain*. Superbe.

16 — Mme la marquise de **Belfons**, chez *Bonnart*. Superbe ép., marge vierge.

17 — La princesse de **Brandebourg**. *Danckerts*.

18 — Mme l'Electrice de **Brandebourg**, chez *Berrey*. Superbe.

19 — Mme la duchesse de **Chartres**, chez *Trouvain*. Superbe.

20 — Mme la princesse de **Conty**, douairière, chez *Trouvain*. Superbe.

21 — Mme la marquise **Dangeau** à sa toilette, chez *Trouvain*. Magnifique ép., marge.

22 — La princesse de **Danemarck**, épouse du prince Frédéric, chez *Bonnart*. Superbe.

23 — Mme la **Dauphine** assise, chez *Bonnart*. Très belle, toute marge.

24 — Eléonore d'**Autriche**, sœur de l'empereur, reine douairière de Pologne, veuve de Charles de Lorraine, chez *Trouvain*. Superbe.

25 — Mme la princesse d'**Espinoy**, chez *Trouvain*. Superbe ép., marge.

26 — Mme de **la Ferté**, chez *Trouvain*. Superbe ép., marge.

27 — La duchesse d'**Humières** en habit de bal, chez *Trouvain*. Superbe ép., marge.

28 — Mme l'archiduchesse d'**Inspruck**, Marie Elisabeth, première fille de l'empereur, chez *Berey*. Superbe.

29 — Mme de **Ludre** en stenkerke et falbalas, chez *Trouvain*. Superbe ép., marge.

30 — Mme la duchesse du **Mayne**, marchant à gauche.

31 — Mme la duchesse du **Maine**, marchant à droite, chez *Trouvain*. Superbe.

32 — Mme de **Maintenon** assise, feuilletant un livre posé sur une table à droite, chez *Trouvain*. Superbe ép., marge.

33 — L'archiduchesse **Marie-Anne**, seconde fille de l'empereur, chez *Berey*. Superbe.

34 — Première entrevue de Louis XV et de Marie-Anne-Victoire infante d'Espagne, chez *Landry*. Très rare.

35 — Charlotte-Félicité de **Hanovre** et Brunswick duchesse de Modène, chez *Trouvain*. Superbe épreuve.

36 — L'impératrice Eléonore-Magd.-Thérèse de **Neubourg**, troisième femme de l'empereur Ignace, chez *Landry*. Superbe ép.

37 — La même impératrice, chez *Bonnart*. Superbe.

38 — Marie-Anne-Joseph de **Neubourg**, impératrice, chez *Trouvain*. Très belle ép.

39 — La même impératrice, chez *Berey*. Superbe ép., marge.

40 — La même impératrice, *G. Valck excudit*. Très belle ép.

41 — La reine d'Espagne, Marie-Anne de **Neubourg**, épouse de Charles 2ᵉ, chez *Trouvain*. Très belle ép.

42 — La même reine d'Espagne assise, chez *Bonnart*. Superbe ép., marge.

43 — L'Électrice Palatine, Marie-Anne-Joseph d'**Autriche**. Superbe.

44 — La duchesse de **Parme**, chez *Trouvain*. Superbe.

45 — Mᵐᵉ la princesse de **Parme**, chez *Bonnart*. Superbe.

46 — Mᵐᵉ la marquise de **Polignac** tenant un masque et un éventail, chez *Trouvain*. Superbe.

47 — Marie-Sophie **Palatine**, reine de Portugal. *G. Valck excud*.

48 — Mᵐᵉ la marquise de **Richelieu**, chez *Trouvain*. Magnifique ép., marge.

49 — Mme la princesse de **Rohan**, veuve du prince de Turenne, assise sur un canapé, chez *Trouvain*. Superbe.

50 — La duchesse de **Roquelaure** en habit d'été, chez *Trouvain*. Superbe ép., marge.

51 — Mlle de **Savoye**, chez *Bonnart*. Superbe ép., marge.

52 Mme de **Seignelay**, chez *Trouvain*. Magnifique ép., marge.

53 — La duchesse de **Sforze**, chez *Trouvain*. Superbe.

54 — Mlle **Subligny** dansant à l'Opéra, chez *Mariette*. Superbe ép., toute marge.

55 — La duchesse de **Valentinois** en habit de bal, chez *Mariette*. Superbe ép. Le fond est un intérieur.

56 — La duchesse de **Valentinois** en habit de bal, chez *Trouvain*; elle s'appuie sur une table. Magnifique ép., marge.

57 — Mlle de **La Varenne** en habit d'été, par *Trouvain*. Magnifique ép.

58 — La marquise de **Villequier**, chez *Trouvain*. Magnifique.

59 — La félicité de la terre est un fantôme et n'a que l'apparence, chez *Jollain*. Pièce curieuse à surprise. Très belle ép., marge, rare.

60 — Dame de qualité en escharpe doublée. — Dame en habit de velours doublé d'hermine, chez *Bonnart*. 2 p. Superbes ép., toute marge.

61 — Dame de la plus haute qualité, assise. — Dame de qualité en stenkerke et falbalas, 2 p., par de *St.-Jean*. Très belles ép., toute marge.

62 — Femme de qualité en déshabillé, assise. — En déshabillé de vestale. — En déshabillé d'hiver, par de *St.-Jean*. 3 p. Superbes, toute marge.

63 — Femme de qualité en déshabillé d'été. — En déshabillé d'hiver, 2 différents, 3 p. Très belles, toute marge.

64 — Femme de qualité en déshabillé négligé, elle chante assise, — étant à sa toilette, — en robe de chambre d'hiver, — en déshabillé d'étoffe siamoise, 4 p. Très belles.

65 — Dame de la cour en déshabillé négligé, — en juppe d'hermine, — en habit garni d'agréments, — en habit de velours doublé d'hermine. — Dame de grande qualité en habit d'hiver. — en habit d'été et stinkerque. 6 p. Superbes ép., marge.

66 — La Vue. — L'Ouïe. — L'Odorat. — Le Goût. — Le Toucher, 5 p., chez *Trouvain*. Superbes ép., marge.

67 — Le Printemps. — L'Eté. — L'Automne. — L'Hiver, 4 p. chez *Bonnart*. Superbes ép., marge.

68 — L'Europe. — L'Asie. — L'Afrique. — L'Amérique, 4 p., chez *Trouvain*. Superbes ép., marge.

69 — Les parties du Monde, 4 p., chez *Guérard*. Superbes ép., marge.

70 — Costumes de femmes gravés, les fonds sont dessinés à la sanguine et à l'encre de chine, 9 p., Très rares.

71 **Bonnart**. Femmes célèbres de la Bible et de
l'antiquité : Didon, Iahel, Betsabée, Judith,
Marianne, Cléopâtre, Agrippine, Calpurnie,
Flavie, Livie, Sémiramis, etc., en pied. 18 p.
très belles.

72 **Brookshaw** (d'après). **Marie-Antoinette.**
Manière noire, in-fol. Superbe.

73 **Carmontelle** (d'après de). Jean-Baptiste
Brizard, en pied, rôle de Narbas dans Mérope.
Superbe ép., petit in-fol.

74 — M^ile. Louise-Magdelène **Lamy**, danseuse.
Petit in-fol. (dessiné par de *Mormantelle*), gravé
par *La Fosse*. Superbe ép., marge, rare (P. B. 15),
collection Michelot.

75 — **L. Mozart**, père. In-8, par *Kamermann*.
Superbe ép., toute marge, très rare.

76 — Pas de deux exécuté par M. **Dauberval** et
M^ile **Allard**. In-fol., par *Tilliard*. Belle ép.

77 **Caron**. La duchesse de **Berry** et ses enfants,
en pied, d'après *Gérard*. Grand in-fol. sur
chine, avant la lettre, les noms d'artistes à la
pointe. Superbe ép., toute marge.

78 **Cathelin**. **Marie-Antoinette**, d'après *Fre-
dou*, dirigée à droite, elle est jeune, ovale
équarri. In-fol. Superbe ép. avant toute lettre,
Rare.

79 **Ceroni**. Mme de **Châteauroux** (26). Avant
toute lettre, sur chine, tirage à cent ép. grand
papier. Magnifique ép.

80 — **Christine** de **Suède**. Avant toute lettre,
sur chine. Superbe.

81 — **Condé** (princesse de). Avant toute lettre, sur chine. Superbe.

82 — **Deshoulières** (Mᵐᵉ). Avant toute lettre, sur chine. Superbe.

83 — **Du Barry** (Mᵐᵉ). Avant toute lettre, en bistre, tirage à sept ép. Superbe.

84 — **Du Barry** (Mᵐᵉ). Avant toute lettre (26), sur chine, tirage à cent ép., grand papier. Magnifique épreuve.

85 — **Fontanges** (Mˡˡᵉ de). Avant toute lettre, sur chine. Superbe.

86 — **La Vallière** (Mˡˡᵉ de). Avant toute lettre, sur chine. Superbe.

87 — **La Suze** (Mᵐᵉ de). Avant toute lettre, sur chine. Superbe.

88 — **Longueville** (Mᵐᵉ de). Avant toute lettre, sur chine. Superbe.

89 — **Mailly** (Mᵐᵉ de). En bistre, tirage à seize ép. (11), avant toute lettre. Superbe.

90 — **Mailly** (Mᵐᵉ de). Avant toute lettre, sur chine (26), tirage à cent ép., grand papier. Magnifique ép.

91 — **Maintenon** (Mᵐᵉ de). Avant toute lettre, sur chine à vingt-cinq ép. de cette planche, il y a des nuages dans le fond, la tête est un peu penchée.

92 — **Maintenon** (Mᵐᵉ de). La même, avant toute lettre, sur chine (63), tirage à cent ép, grand papier. Magnifique ép.

93 — **Maintenon** (Mᵐᵉ de), la tête plus droite, le fond sans aucun nuage, tirage à dix ép., avant toute lettre, sur chine. Superbe.

94 — **Marie Leczinska.** Ep. d'artiste non terminée, sur chine. Superbe.

95 — **Marie Leckzinska.** En bistre, tirage à quinze ép. (11), avant toute lettre. Superbe,

96 — **Marie Leckzinska.** Avant toute lettre, sur chine (26), tirage à cent épreuves grand papier. Magnifique ép.

97 — **Marie-Thérèse d'Autriche.** Avant toute lettre, sur chine. Superbe.

98 — **Mazarin** (la duchesse de). Avant toute lettre, sur chine. Superbe.

99 — **Montbazon** (Mme de). Avant toute lettre, sur chine. Superbe.

100 — **Montespan** (Mme de). Avant toute lettre, sur chine. Superbe.

101 — **Montpensier** (Mme la duchesse de). Avant toute lettre, sur chine. Superbe.

102 — **Montpensier** (Mlle de). Avant toute lettre, sur chine. Superbe.

103 — **Orléans** (Marie-Louise d'). Avant toute lettre, sur chine. Superbe.

104 — **Portsmouth** (la duchesse de). Avant toute lettre, sur chine. Superbe.

105 — **Scarron** (Mme). Avant toute lettre, sur chine. Superbe.

106 — **Thianges** (Mme de). Avant toute lettre, sur chine. Superbe.

107 — **Valois** (Marie-Louise d'Orléans, Mlle de). Avant toute lettre, sur chine. Superbe.

108 — **Vintimille** (Mme de). En bistre (11), tirage à quatorze ép. Superbe ép. avant toute lettre.

109 — **Vintimille** (Mme de). Avant toute lettre, sur chine (67), tirage à cent ép., grand papier. Magnifique ép.

110 **Chevillet**. Eugénie d'**Hannetaire** pinçant de la harpe. In-fol. Superbe ép. avant la lettre, marge vierge, elle est dirigée à droite, carré. Collection Michelot.

111 **Cochin**. Louis-César de la Baume-le-Blanc, duc de **La Vallière**. In-4. États différents, 2 p.

112 **Cochin** (d'après). Allégorie : **Louis XVI** soutenu par la Sagesse et la Justice, répand l'abondance sur son peuple. Petit in-fol., par *De Longueil*.

113 **Condé**. Mrs **Jackson** lavant ses mains à la Fontaine de l'Amour, en pied, d'après *Cosway*. Petit in-fol. Superbe.

114 — Mme **Hilligsberg** dans le ballet le Jaloux puni. Superbe ép. en costume masculin, qui a été changé, avant la lettre, toute marge. Collection Michelot.

115 **Crespy** (chez). Le Roi des Romains. — L'Impératrice. 2 p. avec entourages ornés d'amours. Très belles ép. rares.

116 **Daret**, **Condé** (Henri de Bourbon, 2e prince de). — Charlotte-Marguerite de **Montmorency**, sa femme. 2 p. petit in-4. Superbes ép., marge.

117 — Henri Ier et Henri II de **La Trémoille**. In-4, 2 p. Superbes ép., marge.

118 **Daullé**. Baron, célèbre comédien, d'après *de Troy*. Superbe ép. in-fol., avant la planche oxydée, sans marge (E. D. 8.). Collection Michelot.

119. — Mme **Favart**, en pied, rôle de Bastienne. In-fol., d'après *Vanloo*. Superbe ép., marge.

120. — Mlle **Pelissier**, actrice de l'Opéra, assise sur des rochers. In-fol., d'après *Drouais*. Superbe ép., 1er état, adresse chez Drouais, marge (E. D. 57.).

121. — Marguerite de Valois, comtesse de **Caylus**. In-fol., d'ap. *Rigaud.* Superbe ép., grande marge (E. D. 84). Collection Michelot.

122. — Catherine **Mignard**, comtesse de Feuquière, elle soutient le portrait de son père. In-fol. Superbe ép. (E. D. 47.). Avant *se vend chez l'auteur, place de Cambray, à Paris.* Collection Michelot.

123. **Belatre.** Mlle **Colombe** l'aînée, d'après *Le Moine*, comédie italienne, 1773. Grand in-8, très belle ép., marge.

124. **Delgorgue.** Marie de Rabutin Chantal, marquise de **Sévigné**. In-fol., d'après le pastel de *Nanteuil*. Superbe ép., marge, rare. Collections Lorin et Michelot.

125. **Desplaces.** Mlle **Duclos** (Marie-Anne de Châteauneuf), célèbre comédienne. Grand in-fol., d'après de *Largillière*. Superbe ép., avant l'adresse de Chereau, marge.

126. — La même, superbe ép., avec l'adresse, marge. Collection Michelot.

127. **Desrochers.** Louis-Auguste de Bourbon, duc du **Maine**. Superbe ép. — Duc et Duchesse, par *Dien* et autre. 3 p.

128 **Deveria**. Eugénie Garcia, à mi-corps. Lithog. in-fol. Superbe ép., toute marge. 1.50

129 — Pauline Garcia Viardot. In-fol. Superbe ép., toute marge. 1.50

130 — Juliette et Judith Grisi, lithog. Grand in-fol., marge. 1.50

131 **Deveria** (d'après). **Catherine II. — Pierre I**er, en pied. In-8, eaux-fortes pures. Superbes. 1.50

132 **Dien**. Louis duc de **Bourgogne**. Avant et avec la lettre. — C. V. de **Bavière**, dauphine. Avant et avec la lettre, 4 p. in-8. Superbes.

133 **Drevet** (P.-I.). **Adrienne Lecouvreur**, rôle de Cornélie. In-fol., d'après *Ch. Coypel*. Superbe ép., grande marge (A. F. D. 24). Collection Michelot. 55

134 **Drouais** (d'après). Les enfants du duc de Savoie jouant avec une marmotte. Grand in-fol., par *Melini*. Superbe ép., toute margé. 125

135 — Les Enfants du duc de Choiseul avec un carlin. Grand in-fol., par *Beauvarlet*. Superbe ép., toute marge.

136 **Duflos** *junior*. **Marie-Antoinette**, en pied, grand costume de cour, regarde à gauche, d'après *Touzé*. Petit in-fol. Superbe ép., toute marge. 105

137 **Dupin**. **La Fontaine**. In-8, dans un entourage de Babel. Superbe, — et par *Desrochers*. Très belle ép., marge, 2 p.

138 — **Marie-Antoinette**, médaillon orné de roses et d'attributs. Grand in-8. Superbe ép., marge vierge. 110

139 **Dupont** (H.). Mme de **Mirbel**, en pied. Petit in-4, d'après *Champmartin*. Magnifique ép., avant la lettre, sur chine, toute marge.

140 — **Rachel**. Grand in-4, d'après *Lehmann*, 1831. Superbe ép. sur chine, au bas: Publié par l'Artiste.

141 — La même. La marge du cuivre est réduite. Très belle ép. sur chine, avec l'adresse de Cadart.

142 **Dupuis**. Marie-Françoise Perdrigeon, épouse d'Étienne-Paul Boucher, en pied, en vestale. In-fol., d'après *Raoux*. Superbe ép., grande marge.

143 **Edelinck** (G.). R. Poisson, en pied, rôle de Crispin (R. D. 299.). Très belle ép., marge, avant-dernier état, in-fol. Collections Camberlin et Michelot.

144 **Ellvin**. Marie-Thérèse Villette La Ruette, de la comédie italienne. Petit in-fol. avant les vers dans la tablette. Superbe ép., marge.

145 **Fessard**. Médaillon de Marie-Thérèse sur un obélisque entouré de figures allégoriques dans un entourage orné. Superbe ép. Petit in-fol., d'après *Durand*.

146 **Ficquet**. Chenevière. In-8. Superbe ép. toute marge.

147 — P. Corneille. In-8, d'après *Le Brun*. Très belle ép.

148 — Joliot de **Crébillon**. Magnifique et très rare ép., non terminée (Faucheux 37), 1er état, in-8, marge du cuivre, le bouton blanc. Collection Em. Martin.

149 — **Crébillon**, terminé. Magnifique ép. avant les noms d'artistes (F., 2ᵉ état), marge. Collection Em. Martin,

150 — **Crébillon** (3ᵉ état), avec les noms d'artistes *Aved* et *Ficquet*, Superbe ép., marge du cuivre.

151 — Jean de **La Fontaine**. In-8. Magnifique ép., avant le nom sur la tablette du haut et avant les noms d'artistes, marge du cuivre.

152 — **La Fontaine**. Avec la lettre sur la tablette et les noms d'artistes. Superbe ép.

153 — Françoise d'Aubigné, marquise de **Mainte-non**. d'après *Mignard*. In-8. Superbe ép., toute marge, papier double.

154 — Poquelin de **Molière**. In-8, d'après *Coypel*. Superbe ép., remargée.

155 — Michel de **Montagne**. In-8. Magnifique ép.. tout 1ᵉʳ état, le médaillon de Saint-Michel blanc et autres parties blanches, avant les noms d'artistes, marge.

156 — **Regnard**. In-8, d'après *Rigaud*. Superbe.

157 — Jean-Jacques **Rousseau**, d'après *La Tour*. In-8. Les attributs à l'eau-forte, avant toute lettre, marge. Magnifique ép., rare.

158 — **Voltaire**. In-8, d'après *La Tour*. Superbe ép., marge.

159 **Gaucher**. P. Corneille. Superbe ép. avant la lettre. — Avec la lettre, toute marge. Très belle ép., 2 p.

Ce charmant portrait peut être mis à côté des Ficquet et des Savart.

160 — Charles de Sainte-Maure, duc de **Montau-**
sier. In-8, d'après *Ferdinand*. Magnifique ép.,
très grande marge de la plus grande fraîcheur.

161 **Gavarni**. Son portrait par lui-même. Lithog.
1842, sur chine, superbe, toute marge, rare.

162 **Geille**. Marie-Antoinette, d'après Mme *Le
Brun*, 1788, en pied, assise, coiffure plume
et aigrette. In-fol. Magnifique ép., avant toute
lettre, sur chine.

163 — La même, avec la lettre, toute marge. Superbe.

164 **Girard**. La duchesse d'**Angoulême** tenant
un médaillon où se trouvent les profils de Marie-Antoinette et Louis XVI. In-fol., d'après
Vauthier. Superbe ép., gr. marge.

165 — Mlle **Sontag**, d'après *P. Delaroche*, manière
noire. In-fol., avant toute lettre. Superbe ép.,
toute marge. Collection Michelot,

166 **Grateloup** (J.-B. de). J.-B. **Bossuet**, à mi-
corps, d'après *Rigaud*. Magnifique ép. sur
chine, marge. C'est le chef-d'œuvre du maître.

167 — Adrienne **Lecouvreur**, rôle de Cornélie.
In-8. Superbe ép., avant toute lettre, remargée
à claire-voie.

168 **Grevedon** (Henry), 1823. **Marie-Antoinette**.
— La même. Le nom de Grevedon effacé.
2 lithog., in-fol. Superbes ép., toute marge.

169 **Henriquez**. Louise-Marie-Adélaïde de **Bour-**
bon, duchesse de Chartres, en pied, assise
près de rochers au bord de la mer. Grand in-fol.,
d'après *Duplessis*. Superbe ép., très rare. Collection Laberaudière et Michelot.

2

170 **Lignon.** Marie-Antoinette et ses trois enfants, rond, dans un charmant entourage.
Grand in-4, dédié à Mme la comtesse d'Artois,
gravé d'après la boëte, donnée par cette princesse à M. Busson, son 1er médecin. Magnifique ép., marge vierge.

171 **Isabey** (chez). **Marie-Antoinette**, profil à
gauche, haute coiffure avec plumes et fleurs.
In-4. Superbe ép. avec la bordure teintée de
rose, toute marge.

172 **Johannot**(Tony). Mme de **La Sablière**. In-8,
d'après *Colin*. Superbe épreuve avant la lettre,
margé.

173 **Johannot. Ninon de Lenclos**, en pied, eau-
forte pure, — avec la lettre. 2 p. in-8, superbes,
toute marge.

174 **Lalauze.** Julie-Lucine d'**Angennes**, damoi-
selle de Rambouillet, entourée de fleurs. Superbe ép. avant la lettre, la tablette blanche,
sur chine, marge in-fol.

175 — Frontispice. Mlle **Saint-Huberti** dans un
entourage d'amours. Jolie eau-forte avant la
lettre, sur papier du Japon, toute marge.

176 **Lameret** (d'après). **Grandval**, dans un parc,
près d'un groupe de la Tragédie et la Comédie.
Très grand in-fol., par *Le Bas*. Superbe ép.,
toute marge.

177 — Mlle **Camargo** dansant. Très grand in-fol.,
par *Cars*. Superbe ép., grande marge.

178 — Mlle **Sallé** dansant. Grand in-fol., par *De
Larmessin*. Très belle ép. (E. B. 71). Collection
Michelot.

179 **Larcher**. Molière. In-8, avant la lettre, sur chine et sur blanc. 2 p. Très belles ép., marge.

180 **Larmessin**. Anne-Marie **Martinozzi**, princesse de Conti. Petit in-4. Superbe ép., marge.

181 **Laugier**. Mme de **Staël**. In-fol., d'après *Gerard*. Superbe ép. avant la lettre, sur chine, toute marge.

182 **Le Beau**. Mme la comtesse **Du Barry**. In-8. Médaillon entouré de roses, avec attributs. Superbe ép., marge vierge.

183 — Mlle **Dutey**. In-8. Médaillon avec attributs. Superbe ép., marge.

184 — **Marie-Antoinette**, profil à gauche. Grand in-8, toute marge.

185 — **Marie-Antoinette**, de profil, en pied, dirigée à droite, en grand costume de Reine. Petit in-fol., d'ap. *Le Clerc*. Superbe ép., toute marge.

186 — Mme la marquise de **Pompadour**, en nymphe. In-8, d'après *Queverdo*. Superbe ép., toute marge.

187 **Le Brun**. (d'après Mme). **Marie-Antoinette**, en pied, assise, coiffure à plume et aigrette. In-fol. Superbe ép., marge.

188 **Lecomte** (H.). Bossuet, Corneille, Louis XIV, Malherbe. 4 p. en ped, lithog., coloriées, in-4, toute marge.

189 **Legoux**. Jean-Bercher **Dauberval**, célèbre danseur. Petit rond, d'après *Le Fevre*. Superbe ép.

190 **Lepicié**. Cat. **De Seine**, femme Dufresne, célèbre actrice, d'après *Aved*. In-fol. Superbe ép. avant l'adresse, marge.

191 — Charlotte **Desmares**, célèbre actrice du Théâtre-Français. In-fol. Superbe ép., grande marge.

192 **Le Vachez**. Marie-Antoinette, au-dessus de son arrestation à Varennes, par *Duplessis-Bertaux*, et texte. In-fol. Belle ép., marge.

193 **Lignon**. Mᵐᵉ **Mars**, d'après *Gérard*. — Talma, d'après *Picot*. 2 p. gr. in-4. Superbes ép. avant la lettre, toute marge.

194 — **Molière**. In-8, d'après *Fragonard*. Superbe ép. sur chine, grande marge.

195 **Lingée** (Car.-L.). Mᵐᵉ de **Raucourt**, au bas la scène de Mithridate, d'après *Freudeberg*, et les ornements d'après *Moreau*. Petit in-fol. Magnifique ép., marge vierge.

196 **Liotard** (d'après). Mᵐᵉ **Lavergne**, nièce de M. Liotard. Gr. in-fol., par *Daullé* et *Ravenet*. Superbe ép., marge, très rare. Collections Labéraudière et Michelot.

197 **Littret**. Favart, auteur dramatique. In-8, d'après *Liotard*. Superbe ép., marge vierge.

198 **Maile**. Mᵐᵉ de Lavalière. — Ninon de Lenclos. — Rosina. 3 manières noires, in-fol.

199 **Masquelier**. M. de La Borde, vu de dos, tient une tabatière, sur laquelle est le portrait de sa femme, il regarde le tableau posé sur un chevalet; plus loin, la statue de Diane, et au fond, Mᵐᵉ de **La Borde**, sous la figure de Vénus et l'Amour; sur la cheminée, son buste en marbre. In-8. Magnifique ép. sur papier bleuté, toute marge.

200 — Roger de **Rabutin**, comte de Bussy. In-8.
Superbe ép., toute marge.

201 **Maurin**. Marie-Antoinette, d'après Mme *Le-brun*. Lithog. in-fol. Superbe, toute marge.

202 **Meyer** (H.). Princesse **Charlotte** de Wales, en pied, d'après *Chalon*, lettre grise. Très belle ép., toute marge.

203 **Miger**. Marie-Antoinette, d'après *Roze*, dirigé à gauche, avec coiffure à trois plumes. Ovale équarri in-fol.

204 **Morghen** (Raphaël). Lady **Hamilton**, sous la figure de Thalie. In-fol. Très belle ép., marge. Collection Michelot.

205 **Morse**. Mlle **Krauss**. In-4. Magnifique ép. avant la lettre, sur chine, toute marge.

206 — Mlle **Nilson**. In-4, avant la lettre, sur chine. Magnifique ép., toute marge.

207 — La **Patti**. In-4, avant la lettre, sur chine. Magnifique ép., toute marge.

208 **Muller** (H.C.). La **Fontaine**, In-8, d'après *Deveria*, avec la lettre sur chine et blanc. 2 p. superbes.

209 **Nanteuil**. Anne d'Autriche, grandeur naturelle (R. D. 23). Superbe ép., grand in-fol.

210 — Marie de **Bragelogne**, veuve de Cl. Le Bou-thillier (57). In-fol. Superbe ép.

211 **Nattier** (d'après). Madame de *** en Flore (Châteauroux?). In-fol., par *Voyez* le jeune. Très belle ép.

212 — La Belle Source (c'est, dit-on, Mme de **Châteauroux**), par *Meliny*. Superbe ép. in-fol., très grande marge. Collection Michelot.

213 — La Chasseuse aux cœurs, in-fol., par *Henriquez* (Mlle de **Beaujolais**). Superbe ép., très
grande marge. Collection Michelot.

214 — Flore à son lever. In-fol., par *Maleuvre*.
Très belle ép. Collection Michelot.

215 — *La Nuit passe, l'Aurore paraît*, par
Maleuvre. Superbe ép.. toute marge. Collection Michelot.

216 — La Terre. Mme **Louise-Elisabeth** de France,
duchesse de Parme. In-fol. en travers. Superbe
ép., par *Balechou*, très grande marge. Collection
Michelot.

217 — Le Feu. Mme **Marie-Henriette** de France,
par *J. Tardieu*. In-fol. en travers. Superbe ép.,
marge. Collection Michelot.

218 — Mme Marie-Louise-Thérèse **Victoire** de
France (l'Eau), manière noire. In-fol. en travers,
par *Negges*. Superbe ép.

219 **Patas**. Marie-Antoinette, en pied, en grand
habit de cour, regarde à gauche où se trouve
un fauteuil. Petit in-fol. d'après *Le Clerc*.
Superbe ép., grande marge.

220 **Pater** (d'après). Mlle **Dangeville** la jeune en
Thalie, entourée de Génies en costumes. Magnifique ép. par *Le Bas*, à Paris, chez Laporte,
peintre. Très grand in-fol., marge.

221 — La même. Superbe ép., chez la veuve de
F. Chereau. Très grande marge.

222 **Pauquet**. N. Piccini, compositeur. D'après
Bergeret, eau-forte pure. — Avant la lettre,
sur chine, — avec la lettre, 3 p. in-8. Magnifiques ép., toute marge.

223 **Picart** (Stéph.). Marquise de **Montespan**. In-fol., encadrement orné de lis. Superbe ép. grande marge. Collection Michelot.
C'est le portrait le plus important du personnage.

224 **Pierron**. **Marie-Antoinette**, dirigé à droite, coiffure, plume et aigrette. In-4. Très belle ép., toute marge.

225 **Pitteri**. Mme de **Pompadour** ? grandeur naturelle. Superbe ép.

226 **Ponce**. Les illustres Français : Boileau, Bossuet, Corneille, Molière, Racine, Turenne, etc, 10 p., petit in-fol. Très belles ép., toute marge.

227 **Porreau** (Jules), 1845. Mme la princesse **Lamballe**. In-8, avant la lettre, en bistre. Superbe ép., toute marge.

228 **Reynolds**. Mlle **Grassini** dans Zaïre, d'après Mme *Lebrun*. Grand in-fol. Superbe ép., lettre grise, marge. Collection Michelot.

229 **Reynolds** (d'après). Angelica **Kauffman**. Ovale, in-fol., par *Bartolozzi*. Superbe ép., toute marge.

230 **Roger**. **Marie-Antoinette**, en pied, en grand costume de cour, d'après *Roselin* le Suédois. Très grand in-fol. Magnifique ép., avant le nom de Chardon et l'année 1728. Avant la lettre, toute marge, très rare de cet état.

231 — La même. Superbe ép. sur chine, toute marge.

232 — Louis XV, Louis XVI et autres. Avant la lettre, in-8, sur chine et 2 fleurons, 12 p. superbes, toute marge.

233. — Louis XIV et autres. Lettres grises, 15 p. in-8, très belles. toute marge.

234. — Louis XL. — Cardinal Dubois. 2 ovales in-8. Très belles ép., toute marge.

235. **Roslin** (d'après). La Flore de l'Opéra. Grand in-4, *Basan excudit*. Très belle ép., marge.   5.50

236. **Roullet** (L.). Dame Cath. **Touchelée**, femme de M. Hilaire Clément et de Antoine Le Riche. Petit in-fol., d'après *Cotelle*, 1682. Superbe ép. avant la lettre, rare.   10

237. **Rousseau**. Eugénie ou la Noblesse (**Marie-Antoinette**) offrant une petite statue à Minerve, qui soutient le portrait de Marie-Thérèse, d'après *Cochin*, 1780. Petit in-4. Superbe ép. avant toute lettre, marges vierges.

238. **Ruotte**. Mlle **Raucourt**. In-fol, avant toute lettre, marge. Très belle ép.

239. **Saint-Aubin** (Aug. de). Louise-Emilie baronne de *** (c'est le portrait de Mme de **Saint-Aubin**). Avant l'adresse (E. B. 7). Magnifique ép., toute marge.   300   600

240. — Adrienne-Sophie, marquise de *** (on dit la marquise de **Boufflers**). Avant l'adresse (E. B. 173). Magnifique ép., toute marge.   300

Ces deux pièces sont de la plus grande rareté, d'une aussi belle condition. Collection Muhlbacher.

241. — Au moins soyez discret. — Comptez sur mes serments. — Ce sont les portraits de M. et Mme de Saint-Aubin. Magnifiques ép. avant la lettre. Le nom d'artiste à la pointe. Petit in-fol., toute marge. 2 p. de la plus belle condition. Collection Behague.   315

242 — Louis XVI, Marie-Antoinette et le Dauphin, profils dans un médaillon sur un obélisque, avec attributs funèbres. Grand in-4, d'après *Sauvage*. Magnifique ép., marge vierge.

243 **Savart**. Jean de **La Fontaine**. In-8, d'après *Rigaud*. Superbe ép. Remargée.

244 — Jean **Racine**, d'après *Santerre*. In-8. Superbe ép., remargée.

245 **Schmidt** (F.-G.). Adrienne **Le Couvreur**, du Théâtre-Français. In-8. Superbe ép.

246 **Schmutzer**. Mme **Bodin**, première danseuse du Théâtre impérial. 1re ép. avant le nom du graveur et avec le mot Danceuse qui a été corrigé. Collection Michelot.

247 **Simon**. Grétry, compositeur de musique. In-8, d'après *Isabey*, Magnifique ép., marge vierge.

248 **Simonet**. Marie-Thérèse de Villette, femme **Laruette**, en pied. Petit in-fol., d'après *Devaux*. Superbe ép. avant toute lettre, rare. Collections La Beraudière et Michelot.

249 **Sixdeniers**. Mlle de **La Vallière**. Eau-forte pure, avant la lettre, la tablette blanche, sur chine, 2 p. in-8. Superbes, toute marge.

250 **Smith**. Marie-Antoinette, avec grande coiffure, plumes et aigrette de diamants, manière noire. Grand in-4, lettre grise. Superbe ép., toute marge, très rare.

251 **Surugue** (le fils), 1747. Ce dépit n'est point redoutable, d'après *C. Coypel*. Mme **Favart** en colère qui donne des pichenettes au portrait du maréchal de Saxe, magnifique ép. toute marge. 1er état chez Surugue.

252 — Madame de *** (**Mouchy**) en habit de bal, d'après *Coypel*. Superbe ép. avant toute lettre; charmant et gracieux portrait. In-fol. Collection Ganay et Michelot, d'une grande rareté de cet état.

253 **Suyderhoef**. Isabelle-Claire-Eugénie. In-fol. D'après *Rubens*, superbe ép.

254 **Tangé**. Carolina, princesse d'Orange, en pied. In-fol.

255 **Tardieu** (Alex.). **Marie-Antoinette**, en pied, soutenant un vase sur lequel est le profil de Louis XVI, superbe ép. avant la lettre. In-fol. marge.

256 — La même avec la lettre. Très belle ép. toute marge.

257 **Tassaert** (M. A.). Charlotte Corday, d'ap. *Hauer*, avec la scène de l'assassinat au bas. Superbe ép. avant la lettre. La tablette est blanche; le nom, sur le bord de la fenêtre, fut effacé. Petit in-folio, marge.

258 **Tavernier**. Mme de Maintenon, in-8 avant la lettre et avec la lettre chine. Sur blanc, 3 p. superbes, toute marge.

259 — Ninon de Lenclos. Eau-forte pure et avec la lettre sur chine et sur blanc, 3. p. in-8. superbes, toute marge.

260 **Trouvain**. Mme la marquise de Polignac, tenant un éventail et un masqué. Superbe ép. marge.

261 **Vallée**. Mlle Loison et son fils en Amour :
Représentant Vénus et l'Amour sur un char.
In-fol., d'après *de Troy*, superbe ép., grande
marge.

262 **Vallot**. Louis XIV. Eau-forte pure. Avant et
avec la lettre sur chine, 3 p. in-8 superbes,
toute marge.

263 **Vanloo** (d'ap.). Mme de **Pompadour**. La belle
jardinière, par *Anselin*. Magnifique ép. petit
in-fol., avant la lettre, marge vierge.

264 — La Belle Jardinière (Mme de **Pompadour**),
avec la lettre, superbe ép., marge vierge.

265 **Varin** (P.-Adolphe).—Les portraits de Jean
Varin, intendant des monnaies (1604-1672).
Médaille. — Charles-Nicolas **Varin**, graveur
(1741-1812). D'après *Boucotte*, in-4. Superbe ép.
sur chine toute marge.

266 — M. de **Chevigné**, très petits portraits à deux
âges différents, rares, toute marge.

267 — **Choffard**, avant les raies sur le fond carré,
superbe ép. avant la lettre sur chine volant,
toute marge.

268 — P. Ph. **Choffard**. In-8. Lettre grise sur japon,
superbe ép. toute marge, tirée à 2 ép.

269 — **Eisen** (Ch.). Magnifique ép. avec le nom en
bas à la pointe sèche, avant les avant la lettre,
tirage à dix ép. de cet état sur japon, toute
marge.

270 **Vendramini**. Mlles Georges et Bourgoin
dans Iphigénie en Aulide. Ovale in-fol., lettre
grise.—La même avec la lettre, 2 p., belles ép.,
marge.

271 **Voyez**. Marie-Antoinette, d'après *Vanloo*, grand in-8, superbe ép., marge vierge.

272 **Watteau** (D'après). Retour de chasse, par *B. Audran*. In-fol. C'est le portrait de Mᵐᵉ de Vermenton, en pied, superbe ép., toute marge (de Veze 7).

273 **Wenzel**. Le pape **Pie IX**. Grandeur naturelle, lithog. sur chine encadré.

274 **Will**. Marie-Thérèse d'Espagne, dauphine de France. In-4, superbe ép. marge.

275 ***Corneille*** (P.). In-8 par *Ethiou*. — Par *Wedgwood*. 2 p., superbes ép., avant la lettre sur chine, grande marge.

276 — (P. et Th.). In-12 et in-8 par divers, dont un en couleur par *Chapman*. 12 p. superbes.

277 ***Grétry***. Musicien de l'Institut, ovale in-8 par *Simon*, d'après *Isabey*. Magnifique ép., toute marge.

278 ***La Sublière*** (Mᵐᵉ de), par *Tony Johannot*. In-8, d'après *Colin*. Superbe ép. avant la lettre, toute marge.

279 ***Marie-Antoinette***, en buste et en pied. 9 p. très belles.

280 ***Mars*** (Mˡˡᵉ) dans Betty, par *Lecomte*. — Par *Lignon*, d'après *Gérard*. 2 p. grand in-4, superbes et toute marge.

281 — En pied, rôle d'Elmire dans *Tartuffe*. — Rôle de Betty, par *Bertrand*. — Par *Grevedon*, d'après Gérard, carré et à claire-voie. 2 lithog. En tout, 4 p. in-fol.

282 **Napoléon.** Entourage de son portrait à l'eau-forte.

283 **Ninon de Lenclos.** Eau-forte pure. — La tablette blanche avant la lettre sur chine. 2. p. in-8. Par *Tavernier*, superbes ép., toute marge.

284 **Rachel** (Mlle). A mi-corps, par *Salabert*. In-fol. sur Chine. — En pied, rôle de Roxanne dans Bajazet, coloriée. In-fol. 2 lithog., très belles ép.

285 **Silvie** Pic de la Mirande, comtesse de La Rochefoucauld, fac-simile en bistre, lithog., d'après un ancien portrait. In-fol. rare.

286 **Simiane** (Marquise de), par Dien. — Par Lecomte. 2 p. in-8.

287 **Taglioni**, par *Belliard*. — Rôle de la Sylphide, par *Deveria*, coloriée. 2 lithog. in-fol.

288 **Talma**, d'après *Picot*. Magnifique ép. in-4. Avant la lettre, avec le masque en bas, toute marge. Collection Michelot.

289 **Vestris**, célèbre danseur, faisant une pirouette. Rond équarri, in-fol. en bistre, très belle épr. très rare. Collection Michelot.

290 **Portraits** pour illustrer Mme de Sévigné, Louis XIV, Charles de Sévigné, Mme Lafayette, de Sully, et autres. 7 p. avant la lettre sur chine, superbes, toute marge.

291 — Charles et Henri de Sévigné et autres. 11 p. in-8. Sur chine, superbes ép. toute marge.

292 — Charles et Henri de Sévigné, Mme de Simiane et autres. 16 p. in-8. Sur blanc, superbes ép., toute marge.

293 — Mlle de Blois, duchesse de Bourgogne,
dauphine et autres. In-12 publiés par Blaise.
13 p. superbes.

ESTAMPES ANCIENNES

294 **Durer** (Albert), 1520. La Vierge couronnée
par un ange (B. 37). Superbe ép.

295 **Hollar**. Le Printemps. — L'Été. — L'Automne.
— L'Hiver. — 4 femmes à mi-corps. In-4,
très belles ép.

296 **Leu** (Th. de) excudit. La Vue. — Le Goût. —
Le Toucher. 3 p. petit in-4, très belles ép.

PIÈCES HISTORIQUES

297 **Pièces historiques**. Adieux de Marie-
Antoinette à son fils; Adieux de Louis XVI
et autre. 3 p. in-8, toute marge.

298 — Saules pleureurs avec les profils en blanc de
Marie-Antoinette, Louis XVI, etc. 4 p.

299 **Bocquet** (N.) *invenit et sculpsit*. Cérémonies
de l'année sainte pour le Jubilé de 1700, sous
le pontificat d'Innocent XII. Immense in-fol.
en deux feuilles jointes, superbe ép.

300 **Cochin**. Cérémonie du mariage de Louis, dauphin de France, avec Marie Thérèse, infante d'Espagne, dans la chapelle du château de Versailles (1745). Nombre de personnages en jolis costumes, superbe ép., toute marge. Très grand in-fol. en hauteur.

301 — Décoration de la salle de spectacle dans le manège couvert de la grande écurie à Versailles, pour représenter la princesse de Navarre à l'occasion du mariage du dauphin (1745). Splendide ornementation d'architecture, nombre de figures en jolis costumes. Superbe ép. toute marge, très grand in-fol. en hauteur.

302 — Bal paré donné par le roi dans la salle de spectacle, dans le manège à Versailles, pour le mariage du dauphin (1745). Décoration et costumes de dames très riches. Très grand in-fol. en hauteur, très peu de marge.

303 — Bal masqué dans la grande galerie du château de Versailles, pour le mariage du dauphin (1745). Grande et très belle pièce en travers avec nombre immense de costumes, l'on reconnaît les principaux personnages. Superbe ép., toute marge, très grand in-fol.

304 — Pompe funèbre de Marie-Thérèse d'Espagne, dauphine de France, à Saint-Denis, en 1746. Très grand in-fol. en travers.

305 **Humblot**. Hôtel de Soissons, établi pour le commerce du papier en 1720. Magnifique ép., toute marge.

Laroque 1 62 306 — Rue Quinquenpoix en l'année 1720. Magnifique ép., toute marge.

Rapil 35 Berard 12

Ces deux pièces sont très curieuses pour donner une idée
de la vogue du système de Law.

1 50 307 **Lepautre**. Divertissements donnés par le Roi
en 1674. 2ᵉ journée, concert. — 3ᵉ journée,
représentation du *Malade imaginaire*. 2 p.
in-fol. toute marge. Calcographie.

15 308 **Moreau** (d'après). Tableau pour la semaine
théâtrale à Versailles : Encadrement orné d'une
douzaine d'Amours et du buste de Louis XV.
In-fol. toute marge. Collection Michelot.

Malinet 2 50 309 — Mariage de Louis XIV avec Mᵐᵉ de Maintenon.
In-8 par *Simonet*, superbe ép., grande marge.

Malinet 2 0 310 **Pas** (J. de). La reine à cheval, sous un dais,
suivie de son escorte, rentre au palais. —
Chambre à coucher, une femme est assise près
du lit, entouré de rideaux. 2 p. in-8, superbes,
très rares.

—

VIGNETTES, ILLUSTRATIONS

3 311 **Chodowiecki**. Les mois de l'année. 12 petites
p., superbes ép.

Dasch 1,50

Piet 8 312 — Pour l'Enéide travestie. 12 petites p. sur la
même feuille. Superbe ép., marge vierge.

Desch 1

3 50 313 — Manies et Folies. 12 petites p. superbes.

Dasch 1

3 314 — Huon de Bordeau, de M. le comte de Tres-
san. 12 petites p. très belles.

Desch 1

2 0 315 — Yoricks. 12 petites p. superbes.

Bonaventure 20 Desch 1 Delay
et haussé

316 — Anecdotes. 12 petites p. sur la même feuille, superbes, marge vierge.

317 — Histoire de Coligny et de Guise. 8 petites pièces sur une feuille. — Histoire de Coligny. 12 petites pièces sur une feuille, superbes.

318 — Histoire de Wallensteins. 6 petites pièces sur une feuille, superbes.

319 — Don Quichotte. 6 p., dont une double, très belles ép.

320 — Nouvelle Héloïse. 12 petites pièces, superbes.

321 — Caroline de Lichtfiel. 12 petites p., superbes.

322 — Gil Blas. 12 petites p., 2 titres, etc., 16 p. sup.

323 — Macbeth. 12 petites pièces superbes.

324 — Shakespeare : la Tempête. 12 petites pièces superbes.

325 — Voltaire : Candide. 5 et le portrait, 6 petites pièces.

326 — Calendrier de Berlin. 13 petites p. superbes.

327 — Coiffures, Costumes, etc. 22 p. très belles.

328 — Vignettes pour divers ouvrages. 24 pièces, quelques doubles.

329 — Vignettes diverses, Roman comique, etc. 26 p.

330 **Chodowiecki** (D'après). Tristram Schandy's 12 p. in-8, par *Berger*. Superbes ép., toute marge.

331 — Don Quichotte de la Manche, par *Berger*. 30 p. très belles.

Ces pièces viennent de la collection Michelot.

332 **Choffard**, 1772. En-tête de page au roi Louis XV. Superbe ép., toute marge, in-4.

3

333 — En-tête avec une lyre entourée d'oiseaux, 51
tête de cerf, de bœuf. In-4. Superbe ép., toute
marge.

334 **Corneille** (Les). Suite complète de 17 vign.
in-18 avant la lettre, d'après *Devéria*.

335 **Ducis.** Réunion de 18 vignettes avant la
lettre, avec la lettre et lavées de bistre. 18 p.
in-18 très belles.

336 **Molière.** Suite complète de 35 eaux-fortes,
d'après *Boucher*. In-8. Superbes ép. avant la
lettre, papier Whatman, dans son portefeuille.

337 — Suite de 50 vignettes dessinées et gravées
à l'eau-forte par *V. Foulquier*. Ép. d'artiste
tirées à 100 exemp. sur papier du Japon (53).
Magnifiques ép.

338 — Suite de 35 vignettes dessinées et gravées
à l'eau-forte par *Lalauze*. Ép. d'artiste tirées à
80 exemp. sur papier du Japon (77), signées
par l'artiste. Magnifiques ép., dans son portefeuille.

339 — Vignettes, 2 eaux-fortes pures, par *Burdet*, 70
Muller, et autres d'après *Desenne* et *H. Vernet*.
7 p. avant la lettre, en tout 9 p. sur chine, in-8.
Magnifiques ép., toute marge.

340 **Racine.** Suite complète de 13 vignettes
in-12. par *Girardet*, d'après *Desenne*. Superbes
ép. avant la lettre.

341 — Suite des 7 titres pour l'édition de Geoffroy
et titre du tome IV, eau-forte pure; tome V avant
la lettre; tome VI, Abbaye de Port-Royal avant
toute lettre; en tout, 10 p. par *Choffard.*
Superbes.

342 **Regnard.** 13 vignettes avant la lettre et 13 — 30
eaux-fortes; 26 p. sur chine, 1 eau-forte sur
blanc double ; en tout, 27 p. Magnifiques ép.,
toute marge.

343 **Scribe** (Théâtre de). Vignettes d'ap. *Johannot.* — 8.50
192 p. avant et avec les filets carrés. Très belles
ép.

344 **Gravelot** (d'après). Vignettes in-4 pour — 2,50
Marianne, Sémiramis, etc, 10 p. superbes,
toute marge.

345 — Le Roi et le Fermier, en bistre, par *Jani-* — 9
net. Superbe.

346 **Martinet.** Suite de 6 p. pour Annette et — 40
Lubin. In-8. Très belles ép., marges.

347 — Suite de 4 p. pour les Moissonneurs de Fa- — 40
vart et Sedaine. Superbes ép., marges vierges.

348 — Suite de 6 p. pour On ne s'avise jamais de — 66
tout, de Sedaine. In-8, d'après *Queverdo,*
Superbes ép., marges vierges.

349 — Suite de 6 p. in-8 pour Rose et Colas, de — 69
Sedaine. Superbes ép., marges vierges.

350 — Les Sabots, comédie, suite de 6 p. in-8 — 70
d'après *Duclos.* Superbes ép., marges vierges.

351 — Les deux Avares, 2 p. — Le Déserteur, 2 p. — 52
— Blaise et Babet, 2 p. — Les deux Chasseurs
et la Laitière, 1 p. — La Laitière et le Pot au
lait et autres. — En tout, 9 p. in-8, très belles
ép., toute marge.

352 **Moreau** (d'après). Le comte d'Essex, eau-forte — 10
pure et avant la lettre. 2 p. superbes.

353 — Vignettes pour Molière, édition Renouard. 4 ép. eaux-fortes pures, et l'École des maris avant la lettre; en tout, 5 p. in-8. Superbes ép., marge.

354 — Vignettes pour Voltaire. 7 p. eaux-fortes pures in-8. Superbes ép., marges.

355 — et *Martini*. 12 vignettes avant la lettre, in-8, et 6 avec la lettre. En tout 18 p.

356 **Pompadour** (Mme de). Rodogune. In-4, d'après *Boucher*, retouché par *Cochin*. Superbe ép., rare.

357 **Saint-Aubin**. Le Jardinier et son Seigneur, de Sedaine. In-8, d'après *Gabriel de Saint-Aubin*. Superbe ép., toute marge, rare.

ESTAMPES DU XVIIIᵉ SIÈCLE

EN NOIR

358 **Adresses illustrées**. Courvoisier, horloger du prince de Condé, à Lille, par *Dürig*.

359 — Philippe-Adam Benz, négociant d'argenterie d'Augsbourg. Ornement rocaille avant toute lettre et avec la lettre. 2 p. superbes.

360 **Anonyme**. Sultan donnant le mouchoir à une de ses femmes. In-fol. Superbe ép. avant toute lettre, toute marge. Collection Michelot.

361 — Un coin de Paris : Jeune Marchande de pommes causant avec deux Militaires. Une Marchande de légumes et autres figures. Petit in-fol. en travers. Superbe ép. avant toute lettre, toute marge.

362 — Les Médecins Botaniste et Minéralogiste écrasés par le Médecin à la mode. Petit in-fol. Superbe ép., marge vierge.

363 — Epoux jaloux, prêt à partir en voyage, met à sa femme une ceinture de chasteté, l'Amour s'envole et emporte la clef. — L'Amour couronne l'Amant en lui remettant la clef. 2 p. grand in-4. Magnifiques ép., marges vierges, très rares. Collection Michelot.

364 — L'Amour peintre. In-4, avec huit vers au bas. Très belle ép., marge.

365 **Aveline.** Le Printemps. — L'Eté. — L'Automne. — L'Hiver. 4 p. in-4 en travers. Très belles ép., toute marge.

366 **Balechou.** Le Matin. — Le Midi. — L'Après-Dinée. — Le Soir. 4 p. petit in-4 d'après *Jeaurat*, toute marge.

367 — L'Eau. — Le Feu. — La Terre. — L'Air. 4 p. petit in-4 d'après *Cancau*, marge.

368 **Barbier** (D'après). La jolie Baigneuse sortant du bain. Petit in-fol., par *Copia*. Superbe ép. avant toute lettre, marge vierge. Collection Leblond et Michelot.

369 **Baron**, 1759. Sainte Cécile. In-fol., d'après *Carlo Dolce*.

370 **Baudouin** (d'après). La Nuit, scène dans un parc, par *de Ghendt*. In-fol. Superbe ép. avant toute lettre, tablette blanche (E. B. 35), grande marge.

371 — Le Jardinier galant. In-fol., par *Helman*. Superbe ép,, toute marge.

372 — L'Enlèvement nocturne. In-fol., par *Ponce*. Superbe et très rare ép. d'eau-forte pure.

373 — Le Curieux, par *Maleuvre*. In-fol., joli intérieur, époque Louis XVI. Magnifique ép. avant toute lettre, marge vierge, avant la bordure 2e des six états (E. B. 17). Collection Michelot.

374 **Beauvarlet**. Offrande à Priape, d'après *Raoux*. In-fol. Superbe ép., toute marge.

375 — Les Adieux de Catin, d'après *Lenfant*. In-fol. Superbe ép., marge vierge.

376 **Beljambe**. Finis, Pierrot! si l'on nous voyait, d'après *Mongin*. Ovale in-4, toute marge, superbe.

377 **Bénard** (d'après). Repos de chasse, par *Moitte*, sujet historique; le personnage principal est une Femme servie par un nègre et une camériste qui apporte à se rafraîchir (c'est, dit-on, Mme **Dubarry**). Superbe ép., grande marge.

378 **Bertin**. La Prêtresse de Vesta, d'après *Raoux*. In-fol., belle ép., c'est le portrait de Mme Boucher.

379 **Bervic**, d'après *Merimée*. L'Innocence. Superbe ép. avant la lettre, marge vierge. Collection Michelot.

380 **Boilly** (d'après). Comparaison des petits pieds, par *Chaponnier*. Grand in-fol. Très belle ép. avant la lettre, grande marge.

381 — Le Portrait désiré, par *Chaponnier*. Grand in-fol. Superbe ép. avant la lettre, marge.

382 — Poussez ferme. — Ah! ah! qu'il est sot.
2 p. grand in-fol. Superbes ép., marge vierge.
Collection Michelot.

383 **Borel** (d'après). L'Innocence en danger : La
Sortie du coche, 1re estampe de la Paysanne
pervertie. — Le voilà fait : scène dans le Jardin
du Palais-Royal, 2 p. par *Huot*. Superbes ép.,
toute marge.

384 — Vénus désarmant l'Amour. In-fol., par *Avril*.
Magnifique ép., 1er état avant le changement
et avant toute lettre, marge vierge.

385 **Boucher** (d'après). Le Marchand d'oiseaux.
La Marchande d'œufs. 2 p. petit in-fol., par
Daullé. Superbes ép., marges vierges. Collec-
tion Michelot.

386 — La Souffleuse de savon. — La Vendangeuse.
2 p. petit in-fol., par *Daullé*. Superbes ép.,
marges vierges. Collection Michelot.

387 — Elle mord à la grappe. — De trois choses en
ferez-vous une ? 2 p. petit in-fol., par *Pasquier*.
Superbes ép., marges vierges. Collection
Michelot.

388 — Les Bacchantes endormies surprises par
des Satyres. Petit in-fol., par Mlle *Hemery*
l'aînée. Superbe et très rare ép. avant la lettre,
marge. Collection Em. Martin.

389 — Les Amants surpris, par *Gaillard*. Très
belle ép., grande marge, in-fol.

390 — Le Repos de la Volupté. In-fol., par *J.-B.*
Michel. Superbe ép., marge vierge. Collections
Le Blond et Michelot.

391 — L'Amour désarmé. In-fol., par *Fessard*, 1761. Superbe ép., marge vierge. Collections Didot et Michelot.

392 — L'Amour nageur, par *Aveline*. — L'Amour moissonneur, par *Lépicié*. — L'Amour vendangeur, par *Fessard*. — L'Amour oiseleur, par *Lépicié*. 4 p. petit in-fol. Superbes ép., marge.

393 **Caricatures**. Mme Angot : Action théâtrale qui termine la fin du 1er acte, par Corse et Blondin. Petit in-fol. Superbe ép., marge, rare.

394 **Champollion**, 1875. Intérieur d'un Théâtre, la toile est baissée, d'après *Coypel*. Très belle ép., grande marge sur chine volant.

395 **Chereau** (chez). Petites pastorales., sujets d'amants dans des petits ronds pour boutons. 9 p. sur la même planche. Superbe ép., marge.

396 **Chevalier** (d'après). Le Diable à quatre, opéra-comique. Petit in-fol., par *Michel*. Superbe ép., toute marge, rare. Collection Michelot.

397 — Le Peintre amoureux de son modèle. Petit in-fol., par *Michel*. Superbe ép., toute marge, rare. Collection Michelot.

398 **Chevillet**. Le charme de la musique. In-fol., d'après *La Hyre*. Superbe ép. avant la lettre, grande marge.

399 **Cochin** *filius*. Porteurs d'eau à la fontaine. — Marché et Porteur. 2 petites pièces. Superbes ép., marge.

Dadick 1

Gaden 62

Bourges 25   Rapid 40

Bourges 25   Rapid 35

Bourges 25   Rapid 35

Bourges 25   Rapid 35

Bourges 25   Rapid 35

400 **Cochin** (d'après). Charmante scène théâtrale à trois compartiments. In-8, par *Lingée*. Superbe ép., margé, pour une pièce de Sedaine. Collection Michelot.

401 **Coëffures** de Gabrielle d'Estrées, depuis 1589, des règnes d'Henri IV, Louis XIII, Louis XIV, Louis XV, jusqu'à 1770, in-12, 12 p. Superbes.

402 **Coquot**. La Soirée du Palais-Royal. Jolie composition, in-fol. Superbe ép., marge vierge.

403 **Coypel** (d'après Car.). Titre : Suite d'Estampes des principaux sujets des comédies de Molière, Superbe ép., in-fol., très rare.

404 — Georges Dandin, par *Joullain*, 1726, in-fol. Superbe ép., toute marge, très rare.

405 — M. de Pourceaugnac, par *Joullain*, in-fol. Superbe ép., toute marge, très rare.

406 — L'Escole des Femmes, par *Joullain*, in-fol. Superbe ép., toute marge, très rare.

407 — Les Femmes scavantes, par *Joullain*, in-fol. Superbe ép , toute marge, très rare.

408 — Les Femmes scavantes, copie allemande en contre-partie. Coloriée, rare.

409 — La Jeunesse sous les habillemens de la décrépitude, in-fol., [par *Renée-Elisabeth Marlié Lépicié*, 1751. Superbe ép., d'une des plus jolies pièces de l'époque (c'est le portrait de Mᵐᵉ **Coypel**), d'après la note du temps ; sur l'épreuve de la Bibliothèque. Collection Michelot.

410 — La Folie pare la décrépitude des ajuste-
ments de la jeunesse, par *Surugue*, 1745.
Superbe ép., avant toute lettre, grande marge,
Collection Michelot.

411 — Le Négligé galant, par *Carmona*, joli effet
de lumière. — Jolie Femme lisant une lettre.
Superbe ép., petit in-fol., toute marge.

412 **Crepsy** (Chez). A bon chat, bon rat, grand
in-4. Superbe ép., marge.

413 **Danloux** (d'après). Je t'en ratisse, in-4, par
Bellejambe. Superbe ép., avant toute lettre,
grande marge.

414 — Ah! si je te tenais. — Je t'en ratisse, 2 p.,
in-4. Très belles ép.

415 **Debucourt**. Il est pris : Pendant que le
pêcheur attrape un poisson, on embrasse sa
femme, ovale, in-fol. en travers. Superbe ép.,
avant toute lettre, marge vierge, avant la sup-
pression du poisson que la jeune femme tient
dans sa main, très rare de cet état, collection
Muhlbacher.

416 **Debucourt**? Costume de dame en promenade
à la campagne, manière noire, avant toute
lettre. Magnifique ép., marge vierge, très rare.

417 **Degouy**. La Douce résistance, d'après *Boilly*.
— Le Verrou, d'après *Fragonard*. — La Pro-
position, trois petits ronds, (Tabatières). Très
belles épreuves.

418 **Demouchy**. L'Amant dangereux. — La Bergère couronnée. — Le Repos agréable. —
L'Heureux tête-à-tête. 4 p. in-4, d'ap. *Lang*.

419 **Deny** (Chez). Le Lacet raccourci, ovale en travers, grand in-4. Superbe ép., marge, collection Michelot.

420 **Descourtis**. Foire de Village. — Noce de Village, deux charmantes petites p., in-8, d'après *Taunay*, extrêmement rares, grandes marges. Superbes ép.

421 **Duflos** (Chez). Les Sens, sujets de jeunes femmes à mi-corps, in-8 (Tabatières). Superbes ép., toute marge.

422 **Dugoure**. L'Air. — La Terre. — Le Feu. — L'Eau. — Vénus ou la Coquetterie. — Mars ou la Guerre, 6 panneaux arabesques ornés de figures et animaux. Très belles ép., toute marge.

423 **Duplessis-Bertaux** Répertoire du Théâtre-Français, seize petites scènes de théâtre et seize portraits d'auteurs, charmante pièce, petit in-fol. Très belle ép., rare.

424 — Sujets de métiers : Peintre, Graveur, Sculpteur et autres, 10 petites pièces sur deux feuilles. Superbes ép., marges vierges.

425 **Fournier**, d'après). L'Heure du berger, par *Chaponnier*. Superbe ép., avant la lettre, grand in-fol., marge.

426 — La Lettre désirée, grand in-fol., par *Chaponnier*. Superbe ép., toute marge.

427 **Freudeberg**. Scènes d'amants, en Suisse, 2 p. in-4, à l'eau-forte, sur la même feuille. Superbes, rarissimes. Traits destinés à être coloriés à l'aquarelle.

428 **Freudeberg**. (D'après). Dans un riche et
élégant intérieur, un jeune homme en costume
du lever, assis près d'un bureau, caresse le
menton d'une jeune marchande qui debout
tient de la main droite un nœud de rubans, de
sa main gauche elle repousse le bras du jeune
homme qui lui montre un sac d'écus dans un
tiroir; un ami qui entre fait un geste de silence.
Composition de trois personnages.

Eau-forte très avancée, cette pièce probablement unique
n'a jamais été terminée, on pense d'après la dimension et
dispositions de la composition qu'elle était destinée à faire
pendant aux *Mœurs du temps*. Superbe ép. de la plus grande
rareté. Collection Muhlbacher.

429 — Le Bain, par *Romanet* (2). Superbe ép.,
in-fol., toute marge.

430 — La Toilette, par *Voyez* l'aîné, in-fol.
Superbe ép., marge du cuivre, avant le n° 3.

431 — La Toilette (3), par *Voyez* l'aîné, in-folio.
Superbe ép., toute marge.

432 — Le Boudoir, par *Maleuvre*. Très belle ép.
(7), in-fol., toute marge.

433 — Les Confidences, par *Lingée*. Superbe ép.,
in-fol. (8), toute marge.

434 — La Promenade du soir, par *Ingouf junior*
(9). Superbe ép., in-fol., toute marge.

435 — La soirée d'Hiver, par *Ingouf junior* 1774.
Superbe ép., in-fol. (10), toute marge.

436 — Le Coucher, par *Duclos et Rosse*. Superbe
épreuve (12), in-folio, toute marge.

437 — La Matinée. — La Surprise, 2 p. qui se joi-
gnent au Costume physique et moral. In-folio,
toute marge.

438 — Lison dormait, par *Triere*, jolie p. Très belle ép., grande marge.

439 **Gérard** (D'après Mlle). Le Bouquet inattendu, grand in-fol., par *H. Gerard*. Superbe ép., toute marge.

440 **Gillot** (C.). Les Passions des Richesses, — — de l'Amour, — de la Guerre, — du Jeu. 4 p., petit in-fol. Superbes ép., toute marge.

441 — La Naissance. — L'Éducation. — Le Mariage — Les Obsèques. 4 p., petit in-fol. Superbes ép., toute marge.

442 — Festes de Bacchus. — Diane. — Faune. — Pan 4 p., petit in-fol. Superbes ép., toute marge.

443 — Scènes de Sabat des sorciers, 2 p., in-fol. Superbes ép., toute marge.

444 **Grangeret** (D'après). La Chute de Nanette, ovale, in-4 en travers, par *Martin*. Très belle ép., toute marge.

445 **Greuze** (D'après). Thais, ou la belle Péni- tente, par *Levasseur*, in-fol. Très belle ép., toute marge.

446 — La Malédiction paternelle. — Le Fils puni. 2 p. in-8, gravées de mémoire. Toute marge.

447 — Jeune Fille pleurant son oiseau mort. Superbe ép., in-fol., par *Flipart*. Signée au revers par les artistes, toute marge.

448 **Guerard** (Nicolas). Singeries amoureuses, 4 p. petit in-fol., très curieuses et très amu- santes. Très belles ép., rares.

449 **Helman**, 1777. Le Charlatan français. — Le Charlatan allemand. 2 p. petit in-fol., d'après *Bertaux*. Magnifiques ép., avant la dédicace, marges vierges.

450 **Huet** (D'après). Ce qui est bon à prendre est bon à garder, par *Chaponnier*. Superbe ép., 1er état, avant la lettre, marge.

451 **Ingouf** l'aîné (D'ap.). Zémire et Azor, in-fol. par *Ingouf jeune*. Superbe ép., grande marge, collection Michelot.

452 **Ingouf**. Tom Jones, in-fol., d'après Wille fils. Très belle ép., marge, collection Michelot.

453 **Jeaurat** (D'après). L'Exemple des mères, par *Lucas*. Superbe ép., grand in-fol., marge. Très rare à rencontrer, ancienne épreuve, collection Muhlbacher.

454 — Le Fiacre, par *Pasquier*, in-fol. Superbe ép., marge vierge, collect. Roth.

455 — Naissance de Vénus. In-fol, par *Aubert*. Superbe ép., toute marge.

456 **Lancret** (D'après). Le Glorieux (E. B. 37). 1er état avec la lettre. — Le Philosophe marié (E. B. 61). 1er état, 2 p. grand in-fol., par *Dupuis*, belles ép., marge, collection Michelot.

457 **Lavreince** (D'après). *The green plot*. Rond équarri, in-4 avant la tablette (E. B. 10, page 53). — *The grove*, c'est le pendant, 2 p., magnifiques ép., avant toute lettre, toute marge, très rare, collection Michelot.

458 — La leçon interrompue, in-fol., par *Vidal*. Superbe ép., toute marge (E. B. 35), collection Muhlbacher.

459 — Le retour trop précipité, par *Pierron*, in-fol. Superbe ép. (E. B. 54), toute marge, avec la première adresse, collection Muhlbacher.

460 — **Le Mercure de France**, in-fol., par *Güttemberg*. Charmante scène dans un parc, où se trouve Beaumarchais, très ressemblant, lisant Figaro. Superbe ép., toute marge, avec l'adresse de Vidal, collection Mühlbacher.

461 — **L'École de danse**, jolie p. à costumes, in-fol., par *Dequevauviller*, superbe ép., toute marge.

462 **Le Beau**. Conventions de mariage d'un vieux intéressé avec une fausse modeste à qui il demande une grosse dot, petit in-fol. Superbe ép., toute marge.

463 — **La partie d'oeufs frais**. — **La réalité du plaisir**, 2 p. ovales, petit in-fol. Superbes ép., marge vierge.

464 **Lebreton** (Chez) Le Matin. — Le Midi. — Le Soir. — La Nuit, 4 p. in-8, en couleur, sujets de femmes.

465 — **Il en aura**. Jeune fille tenant deux doigts en l'air au-dessus du portrait d'un homme âgé. — **Et lui non!** Jeune fille regardant un médaillon, 2 p. ovales, in-8, en couleur.

466 **Le Clerc** (D'après) Robe à la Polonaise, petit in-fol., par *Dupin*.

467 **Le Mire**. Plafond de la salle de spectacle de Bordeaux, rond, grand in-fol., verni.

468 **Le Roux** (chez) Distribution du pain du Roy au Louvre, petit in-fol., très belle ép., très rare.

469 **Lespinasse** (D'ap. le chev. de). Vue du Palais royal, des galeries et du jardin, par *Varin* frères, ép. d'une pièce curieuse, où l'on voit les quatre pavillons au milieu, marge.

470 **Mallet** (D'après). La nouvelle intéressante, in-fol., eau-forte pure, par *J.-A. Roy*, très rare; superbe ép.

471 — La Réussite. — Les Cartes. — La Toilette. — Le Bain. — Le Jour des noces. — Le Lendemain de noces. — La Frileuse. — La Somnambule. — Le Lever. — Le Coucher, 10 p., petit in-fol., sujets de femmes, très belles ép., toute marge.

472 **Martinet**. Berceau des beaux-arts. Copiez bien, etc. — Mère heureuse, médaillons ornés et entourés de fleurs. Superbe ép., marge vierge.

473 — Entourage orné pour un titre frontispice. Superbe ép., in-8, toute marge.

474 **Martinet** (Chez). La Balançoire. — L'équilibre perdu, 2 p., in-4, très-belles ép.

475 **Montigny**. Vénus au bain. Petit rond en bistre. Superbe ép., toute marge.

476 **Moreau** le jeune (D'après). Costume physique et moral au XVIIIᵉ siècle.

— Déclaration de la Grossesse, par Martini.
— Les Précautions, par Martini, 1771.
— J'en accepte l'heureux présage, par Triere.
— N'ayez pas peur, ma bonne amie, par Helman.
— C'est un fils, Monsieur, par Baquoy.

— Les petits Parrains, par Baquoy et Patas.

— Les Délices de la maternité, par Helman.

— L'accord parfait, par Helman, 1777.

— Le Rendez-vous pour Marly, Guttemberg.

— Les Adieux, par De Launay jeune, 1777.

— Rencontre au bois de Boulogne, Guttemberg.

— La Dame du Palais de la Reine, par Martini.

Suite complète de 12 pièces formant la seconde série d'Estampes pour servir à l'*Histoire des Modes et du Costume en France au XVIIIe siècle* 1776. Les épreuves sont avec A. P. D. R. Superbes et marges vierges, de la plus grande rareté en aussi belle condition, collection Muhlbacher.

477 — Le Lever, par L. Halbou.

— La Petite toilette, par Martini.

— La Grande toilette, par Romanet.

— La Course des chevaux, par Guttemberg.

— Le Pari gagné, par Camligue.

— La Partie de whist, par Dambrun.

— Oui ou non, par Thomas.

— Le Seigneur chez son fermier, Delignon.

— La petite Loge, par Patas.

— La Sortie de l'Opéra, par Malbeste.

— Le Souper fin, par Helman, 1781.

— Le vrai Bonheur, par Simonet.

Suite complète de 12 pièces formant la troisième série d'Estampes pour servir à l'*Histoire des Modes et du Costume en France au XVIIIe siècle*, 1776. Les épreuves sont superbes avec A. P. D. R., marges vierges, excepté La Partie de whist et la Sortie de l'Opéra, qui sont ébarbées ; de la plus grande rareté en aussi belle condition, collection Muhlbacher.

478 **Moreau** le jeune (D'après). N'ayez pas peur, ma bonne amie, par *Helman*. Superbe ép. avant la lettre, rare, très petite marge.

479 **Moreau** le je. (D'après). Tableau d'une semaine théâtrale à Versailles, in-fol. par *Ponce*, 1770 ; le médaillon de Louis XV le domine. Superbe ép. avant la lettre.

480 **Mouchet** (D'après). Le Réveil importun. — Couchez là, 2 p. ovales in-fol. par *Darcis*. Superbes ép., marges vierges.

481 — L'Illusion, gravé par R. et D. Superbe et rare ép. in-fol., avec l'encadrement, toute marge. Collections Muhlbacher et Michelot.

482 **Nerbé**. La Pantoufle. — Familiarité dangereuse. 2 sujets gracieux, in-fol. Très belles ép. marges vierges.

483 **Octavien** (D'après). Intérieur, dame à sa toilette : *Ce dangereux abbé promène en tapinois*, etc., huit vers. gravé par M. *Thévenard*. Superbe ép. in-fol., marge, très rare. Collection Behague et Michelot.

484 — (Le Boudoir). Jeune dame endormie sur un canapé, un jeune homme se penche pour lui prendre une lettre qu'elle tient à la main, un singe est sur le devant, riche intérieur, in-fol. par *M. Thévenard*. Superbe, ép. très rare. Collections Behague et Michelot.

485 **Paroy** (Comte de), Dessus de guéridon avec toutes les fables de La Fontaine et son buste au milieu. — Autre avec statues, groupes et bas-reliefs antiques, 2 ronds in-fol., superbes ép., marge, très rares de cette condition.

486 **Petits sujets** d'après *Canot, Jeaurat*, etc. :
La Danse avant et avec la haute coiffure. —
Le Maître de danse. — Le Goûté. — La Rele-
vée. — Le Cuisinier et autres, 10 p. grand
in-8, marge.

487 — Bibliques. David et Bethsabée. 2 compositions différentes. — Suzanne. 2 compositions
différentes, 4 p., très belles ép.

488 — La Musique, 5 p. en couleur, sanguine et
noir, compositions différentes (tabatières), par
Picart et autres.

489 — Dits tabatières. Tel maître tel valet, la
même composition en contre-partie, 2 p. in-8,
marge.

490 — L'Enfance. — La Jeunesse. — L'Age viril.
— La Vieillesse, 4 p. in-8.

491 — Le Matin. — Le Midi. — L'Après-Dînée. —
Le Soir, 4 p. in-8.

492 — Vertumne et Pomone. — Erigone, etc.,
5 p.

493 — Pan et Syrinx et autres. 5 p. avec marges.

494 — Hercule et Déjanire. — Triomphe de Galathée, différents, 4 p. avec marges.

495 — L'Aurore et Céphale. — L'Amour et Psyché,
différents, 5 p. par *Picart* et autres.

496 — Zéphire et Flore, différents, 4 p.

497 — Vénus dans l'île de Cithère. — Vénus et
l'Amour. — Naissance de Vénus et autres par
Picart, Diacre, etc., 11 p.

498 — L'Amour enchaîne le Temps. — Tarquin et
Lucrèce. — Achille et Deidamie. — L'Espé-
rance nourrit l'Amour, etc., 6 p.

499 — Les Sens. — Le Toucher, 5 états différents.
— L'Ouïe. — La Vue. — L'Odorat, 2 états différents. — Le Goût, 3 états différents, 12 p.
par *Picart*, Diacre.

500 — Les Éléments, 6 p. de différentes suites.

501 — Les Saisons, 12 p., compositions en états
différents.

502 — La Joie. — L'Amour-propre. — Les Heures
du jour, etc. 14 p.

503 — Sujets mythologiques, etc. 3 p.

504 — Le Camouflet. — La Douleur, etc. 4 p.
superbes, toute marge.

505 — L'Enfileuse. — Au travail, Iris. — Quand
on aime l'oisiveté. — La Fileuse et autre. 5 p.

506 — Le Médecin de village et autres. 6 p.

507 — Beauté printanière. — Villageoise italienne.
— Dame et son perroquet. — Pour se faire
aimer. — Quoi qu'en dise Aristote, etc. 12

508 — Benedecité. — Le Badinage innocent. — La
Barbière. 10 p. (Tabatières.)

509 — La Remouleuse. — D'un air simple. —
Colin, etc. 8 p. (Tabatières.)

510 — Pendant que cette belle. — La Fumeuse.
6 p. très belles. (Tabatières.)

511 — C'est à vous à qui j'en veux. — Plutôt que
plus tard, — et autres. 10 p. (Tabatières.)

512 — La Main-Chaude et Sujets divers. 12 p.
(Tabatières.)

513 — La Belle laitière ou le Pot au lait. — Le
Souper galant. — Les Amants surpris. — Em-
brassade amoureuse, — etc. 10 p. (Tabatières).

514 — Les Folâtres. — La Sultane au bain. — Retour du bain, — et autres. 14 p. (Tabatières.)

515 **Phelippeaux**. Le Jaloux en défaut. — L'Épouse infidèle. 2 p. ovales in-4. Superbes ép., marge.

516 **Picart** (B.). Médaillon de J. César, entouré de figures allégoriques. Frontispice in-8. Superbe ép., marge.

517 — Allégories sur les mariages. 6 p. in-4 superbes.

518 — L'Académie des sciences. — Les Calculs de l'algèbre. — L'Anatomie et l'Histoire naturelle. — L'Astronomie et la Géographie. — La Botanique. — La Chimie. — La Géométrie et les Fortifications. — La Philosophie. — La Physique. 9 p. Allégories d'Amours et d'Enfants. In-8 en travers. Magnifiques ép., grandes marges, de la plus belle condition.

519 — Le Jeu de pied de bœuf. In-fol. Superbe ép., marge vierge.

520 — Pèlerins de l'isle de Cithère. Compositions différentes. 3 p. in-8 en travers (Tabatières). Très belles ép.

521 — Et autres : Jupiter en pluie d'or (Tabatières). 4 compositions différentes. 5 p. très belles.

522 — Jupiter et Léda (Tabatières). 6 compositions différentes. 8 p. très belles.

523 — Jupiter et Sémélé. 2 différents. — Jupiter en serpent amoureux d'Eolis. 2 différents. 5 p. (Tabatières), par *Picart*, etc.

524 — Jupiter en aigle, différents. — Enlèvement d'Europe. 5 p. (Tabatières), par Diacre, *Picart*, etc.

525 — Fuyez, amants, la femme qui se vend. — La Toilette, — et autres. 6. p. (Tabatières).

526 — Concert de musique. 5 états différents, — et autres sujets avec musique. 10 p. (Tabatières).

527 — Ce chien qui m'obéit. — Amants, défiez-vous. — Si tantôt sous le masque, — et autres. 10 p. avec différences (Tabatières).

528 — L'Heure du berger. — Baigneuses. — Ce Maure me cajole, — et autres. 8 p. (Tabatières).

529 **Pillement** (d'après) et par Saint-Aubin, etc. Petits bouquets de fleurs. 12 p. toute marge.

530 **Pomart** (Le chev. de). La Marchande de châtaignes, d'après *Augustin de Saint-Aubin*. In-4. Superbe ép., marge vierge.

531 **Poulleau**. Vue de l'entrée principale (Théâtre de Bordeaux). — Vue de l'intérieur de la salle qui fait voir la partie du Théâtre, par *Berthault*. 2 p. grand in-fol. Superbes ép., toute marge.

532 **Prudhon** (D'après). Merlen, graveur sur tous métaux, etc. Superbe adresse illustrée, grande marge.

533 — Ve Merlen tient fabrique et magazin d'orfèvreries, etc. Charmante composition. L'Amour présente des bijoux à Vénus, qui s'en pare. Gravé par *Roger*. Magnifique ép., marge.

534 **Queverdo** (d'après). Intérieur de chambre à coucher. Un jeune homme aux genoux d'une jolie femme prête à se mettre au lit. — Le Pendant, la Surprise amoureuse : la mère montrant la lettre. 2 p. Petit in-fol. Encadrements ornés de roses, superbes ép. avant toute lettre, très rares. Des collections Behague et Michelot.

535 — Jeune homme prenant tendrement la main d'une jolie femme. Riche intérieur et costumes élégants. Très jolie pièce. Magnifique ép. avant toute lettre, marge. D'une grande rareté. Collections Muhlbacher et Michelot.

536 — Jeune homme assis attire à lui une jeune femme en déshabillé galant. In-4 par Auvray. Charmante composition. Magnifique ép. avant la lettre marge. D'une grande rareté. Collections Béhague et Michelot.

537 — La Musique. — La Peinture. — La Poésie. — La Sculpture. 4 p. ovales équarries ornées de Fleurs. In-4. Superbes ép., toute marge.

538 **Regnault**. Ah! s'il s'éveillait! — Dors, dors. 2 p. in-fol. Très belles ép., toute marge.

539 — Dessiné et gravé par lui. Le Soir : l'Amant serre la main de l'Ouvrière en dentelles, tandis que la Mère lit. Grand in-fol. Superbe ép., marge vierge. Collection Michelot.

540 **Renaud** (d'après J. B.). Le Sommeil agréable : l'Amour dormant appuyé sur sa mère. In-4 en travers par *Letellier*. Superbe ép. marge vierge. Collection Michelot.

541 **Rosalba** (d'après la). Les Saisons, par de F... (*Favannes*). Superbes ép. Petit in-fol., toute marge. Jolies femmes à mi-corps. 4 p.

542 **Saint-Aubin** (Aug. de). Adrienne-Sophie, Marquise de *** (on dit la marquise de **Boufflers**) avant l'adresse. Magnifique ép., toute marge. En bas est écrit au crayon : Marquise de Châtelet. Collection Michelot.

543 — Les Noces de Cana, d'après *P. Véronèse.* Petit in-4, très belle ép. avant la lettre, marge.

544 — Jupiter et Léda. Petit in-fol., d'après *Paul Véronèse.* Magnifique ép. avant la lettre, toute marge. 2ᵉ des quatre états (E. B., p. 259) dans les additions et corrections. Pièce importante du maître. Collection Michelot.

545 **Saint-Aubin** (D'après Aug. de). La Promenade des remparts de Paris. In-fol., par *Courtois.* Magnifique et très rare ép. avant toute lettre, marge.

546 — La Promenade des remparts de Paris. — Tableau des Portraits à la mode. In-fol., par *Courtois.* 2 p. Magnifiques ép., toute marge. Collection Muhlbacher.

Ces superbes compositions peuvent donner une idée des costumes, des voitures, des habitudes du monde élégant de l'époque.

547 **Seholl.** Le Modèle disposé. Grand in-fol., par Alex. *Chaponnier.* Très belle ép., toute marge.

548 **Scheneau** (d'après). Jeunes époux, l'homme va marcher sur des épines, la femme sur des roses. Eau-forte pure. Petit in-fol. très rare.

549 **Scotin.** Danse d'Arlequin et de Colombine dans des arceaux ornés. Très grand in-fol., très rare.

550 **Simon** (P.). *Much ado about nothing* de Shakespeare. Grand in-fol. Superbe ép., toute marge. Collection Muhlbacher (les Joyeuses commères de Windsor).

551 **Trinquesse** (d'après). La Sortie du bain, par *Lempereur.* Grand in-fol. avant la dédicace. Superbe ép., marge.

552 **Troost** (d'après). Le Malade imaginaire, par *Muys*. Grand in-fol. Superbe ép., marge.

553 — Tartuffe ou l'Imposteur. In-fol. par *Houbraken*. Très belle ép., marge.

554 **Vallée**. Vénus et l'Amour sur un char. In-fol., d'après *de Troy* (c'est Mlle Loison et son fils). Très belle ép. Collection Michelot.

555 **Van Gorp** (d'après). C'est Papa; jolie composition, par *Delaunay*. Superbe ép., marge vierge.

556 **Vanloo** (d'après). Les Grâces, par *F. Heleonor Hemery*, 1772. Petit in-fol. Superbe ép. avant la lettre, marge, très rare. Collection Em. Martin.

557 **Wagner**. Les Saisons. 4 p. petit in-fol. dans des entourages rocailles.

558 **Watteau** (d'après). Titre : L'OEuvre d'Antoine Watteau, peintre du Roy..., gravé d'après ses tableaux... par les soins de M. de Julienne, fixé à 100 exemplaires des premières épreuves; entouré de traits de plume. — L'Art et la Nature, fable allégorique, avec entourage orné. 2 p. in-fol. Superbes ép., marges vierges. Collection Roth.

559 — Titre : Figures françaises et comiques, par *Herisset*. — Promeneur tenant une canne, par *Cochin*. — Poisson en habit de Paysan, par *Desplaces*. — Demoiselle de qualité, par *Thomassin*. 4 p. in-8 sur la même feuille. — Dumirail en habit de paysan. — Officier en surtout. — Mlle Desmares jouant le rôle de Pèle-

rine. — Pèlerin de l'île de Cythère. 4 p. in-8,
par *Desplaces*, sur la même feuille. En tout,
8 p. sur 2 feuilles. Superbes ép., marges
vierges. Collection Roth.

560 —Ballet italien. — Concert italien. — Les Plaisirs de la Jeunesse. — Le Théâtre italien, 3
différents, et autres. 15 p. in-8, par *Duflos* et
autres. Très belles ép., la plupart avec marges.

561 — L'Indifférent. Petit in-fol., par *Scotin*.
Superbe ép., grande marge.

562 — Le Sommeil dangereux. In-fol., par *Liotard*
(de Veze, 33). Superbe ép., marge vierge.
Collection Roth.

563 — Harlequin jaloux. In-fol., par *Chedel*.
Superbe ép., marge vierge (de Veze, 116).
Collection Roth.

564 — La Surprise, par *B. Audran*. Superbe ép.
in-fol., marge vierge (de Veze, 119).

565 — La Collation, par *Moyreau*, charmante composition. In-fol. Superbe ép., marge vierge (de
Veze, 126).

566 — L'Accord parfait. In-fol., par *Baron*. Magnifique ép., marge vierge (de Veze, 118). Collections Roth et Michelot.

567 — Le Concert Champêtre, par *B. Audran*.
Magnifique ép., in-fol., marge vierge (de Veze,
123). Collections Roth et Michelot.

568 — Le Repos de Campagne, par *Desplaces*
(124). Superbe ép. in-fol., marge vierge. Collections Roth et Michelot.

569 — L'Alliance de la Musique et de la Comédie. In-fol., par *J. Moyreau*. Magnifique ép., marge vierge. Collections Roth et Michelot.

570 — Le galant Jardinier (de Veze, 111). — L'Amour paisible (de Veze, 144). 2 charmantes p. par *de Favanne*, sur la même feuille. Magnifiques ép., marge vierge. Collection Roth.

571 — Heureux âge! Age d'or, où sans inquiétude, etc., par *Tardieu* (de Veze, 138). — Iris, c'est de bonne heure avoir l'air à la danse (de Veze, 137). 2 p. chez Chéreau sur la même feuille. Superbes ép., marge vierge. Collection Roth.

572 — Pour nous prouver que cette belle (de Veze, 131). — Arlequin, Pierrot et Scapin (de Veze, 132). 2 p. par *L. Surugue*, sur la même feuille. Superbes ép., marge vierge. Collection Roth.

573 — Belle, n'écoutez rien, Arlequin est un traître (de Veze, 71). — Pour garder l'honneur d'une belle (de Veze, 72). 2 p. par *Cochin*, sur la même feuille, chez Chereau. Superbes ép., marge vierge. — Copies des 2 mêmes p. chez Sirois. Très belles ép., marge. En tout 4 p. Collection Roth.

574 — Le Plaisir pastoral. Grand in-fol., par *Tardieu*. Superbe ép., marge vierge. Collections Roth et Michelot.

575 — L'Assemblée galante, par *Lebas*. Grand in-fol. Superbe ép., toute marge. Collections Roth et Michelot.

576 — Promenade sur les remparts, par *Aubert* (de Veze. 180). Très grand in-fol. plié en deux. Superbe ép., marge vierge. Collection Roth. 51

577 — Triomphes de Cérès, par *Crespy* (de Veze, 48). Très grand in-fol, plié en deux. Magnifique ép., marge vierge. Collection Roth. 53

578 — L'Enlèvement d'Europe, par *P. Aveline* (de Veze, 49). Très grand in-fol. plié en deux. Magnifique ép., marge vierge. Collection Roth. 38

579 — Le Printemps. — L'Eté. — L'Automne. — L'Hiver. 4 p. arabesques, par *Huquier* (de Veze, 211), 2 sur chaque feuille, 4 p. Superbes ép., marges vierges. Collection Roth. 80

580 — Le Théâtre. — Le Berceau. 2 p. arabesques in-fol., par *Huquier*. Superbes ép., marges vierges. Collections Roth et Michelot. 126

581 — Le Galant, par *B. Audran*. — La Grotte, par *Huquier* (de Veze, 200). 2 p. arabesques in-fol. Superbes ép., marges vierges. Collections Roth et Michelot. 126

582 — Colombine et Arlequin, arabesque. Grand in-fol., par *Moyreau*. Superbe ép., marge vierge. Collections Roth et Michelot. 86

583 — Les Singes de Mars, panneau arabesque. Grand in-fol., par *Moyreau* (de Veze, 208). Magnifique ép., marge vierge. Collections Roth et Michelot. 49

584 — L'Escarpolette, arabesque. Grand in-fol., par *Crespy*. Magnifique ép., marge vierge. Collections Roth et Michelot. 126

585 — La Voltigeuse, arabesque. Grand in-fol.,
par *Huquier*. Magnifique ép., marge vierge.
Collections Roth et Michelot.

586 **Watteau, fils** (d'après). Habillements à la
mode 1784 : Dame en belle matineuse. — La
Jeuné indifférente. 2 p. petit in-fol., marges.

587 **Wille, fils** (d'après). Le Baiser innocent. —
La Galante à désirs. — La Coquette satisfaite.
— Prévoyance aux plaisirs. 4 p. in-fol. Belles
ép., marges, rares.

CONTES DE LA FONTAINE

588 **Contes de La Fontaine.** Second tour des
trois Commères ou le Poirier enchanté. — La
Clochette. — Les Oyes de frère Philippe. 3 p.
grand in-8. Très belles ép., toute marge.

589 — Vignettes in-12. Superbes ép., toute marge,
15 p., trois livraisons de 5 p.

590 — Le fleuve Scamandre. — Le Villageois qui
cherche son veau. — La **Jument** du compère
Pierre. 3 p. in-8, par *Jacob*. Superbes ép.,
grandes marges.

591 — Mazet de Lamporechio, en couleur. — La
Matrone d'Ephèse, d'après *Moreau*. La Courti-
sane amoureuse. 3 p. in-8. — Les Oyes de
Frère Philippe. In-4. 4 p.

592 **Fragonard** (d'après). La Gageure des trois
Commères (le fil). Avent toute lettre, toute
marge. Très belle.

593 — Le Mari cocu, battu et content. In-4. Eau-
forte pure, superbe ép., toute marge, n'a
jamais été terminée.

594 **Hersent.** Contes de La Fontaine. 6 p. in-4,
lithog. Très belles ép., toute marge.

595 **Monnet** (D'après). La Vertu surprise. In-4, par
F. Chevery, 1777 (Richard Minutolo). Rare,
très belle ép.

596 — Les Plaisirs nocturnes. In-4 (Joconde, scène
du lit), par *F. Chevery*, 1777. Très belle ép.,
toute marge, rare.

597 **Subleiras** (d'après). Le frère Luce. Petit
in-fol., par *Elluin*. Très belle ép.

598 **Schall** (d'après). La Servante justifiée. — Le
Poirier enchanté. 2 p. petit in-fol., rognées.

599 — Le Bât. Petit in-fol., par *Lindor* (de Toulouse). Superbe ép.

600 — Le Gascon puni. — Le Cuvier. 2 p., par
Lindor (de Toulouse). Petit in-fol.

601 **Boucher** (D'après). Le Fleuve Scamandre, par
De Larmessin. Magnifique ép., toute marge.

602 — La Baigneuse surprise, première pensée
pour le Fleuve Scamandre, grand in-fol., par
Daullé. Magnifique ép. avant toute lettre, avec
les armes, très grande marge. Collection
Béhague.

603 — La Baigneuse surprise, avec la lettre, très
belle ép. in-fol.

604 — La Courtisane amoureuse, in-fol. par
De Larmessin. Très belle ép.

605 — Le Magnifique, par *De Larmessin*. Superbe
ép., toute marge.

606 — Le Calendrier des vieillards. Superbe et très
rare ép. d'eau-forte pure, marge.

607 — Le Calendrier des vieillards, in-fol., par
De Larmessin. Superbe ép., marge vierge.

608 **Coypel** (D'après Ch.). La Matrone d'Ephèse,
par *Desplaces*, en hauteur. Très belle ép., toute
marge.

609 **Eisen** (D'après Ch.). Promettre est un et tenir
c'est un autre, par *L. Legrand*. Magnifique et
très rare ép. avant la lettre, toute marge. Collection Béhague.

610 — Le Cas de conscience, par *Tardieu*. Superbe
ép., grande marge, chez Buldet, rare.

611 — La Gageure des trois Commères, in-fol.,
par *Tardieu*. Superbe et très rare ép. avant
toute lettre. Collection Béhague.

612 — La Gageure de trois Commères, avec la
lettre, superbe ép., grande marge, chez Buldet,
rare.

613 — Le Gascon, par *Tardieu*. Superbe ép.,
marge, chez Buldet, rare.

614 **Lancret** (D'après). Le Faucon, par *Schmidt*
sous le nom de Larmessin. Magnifique ép.,
marge vierge.

615 — Nicaise, par *Schmidt* sous le nom de Larmessin. Superbe ép., marge vierge.

616 — Les Troqueurs, par *De Larmessin*. Magnifique
ép., marge vierge.

617 — Les Troqueurs. Très belle ép., chez Buldet,
très grande marge.

618 — Le Gascon puni. Très rare ép. d'eau-forte
pure.

619 — Le Gascon puni, par *De Larmessin*. Très
belle ép.

620 — Le petit Chien qui secoue de l'argent et des
pierreries, par *De Larmessin*. Superbe ép.,
toute marge.

621 — On ne s'avise jamais de tout, par *De Larmessin*. Superbe ép.

622 — Pâté d'Auguille, par *De Larmessin*. Superbe
ép., toute marge.

623 — La Servante justifiée, par *De Larmessin*.
Magnifique ép., marge vierge.

624 — A Femme avare galant escroc, in-fol., par
De Larmessin. Superbe ép., toute marge.

625 — Les Oies de Frère Philippe, in-fol., par
De Larmessin. Superbe ép., toute marge.

626 — Les Rémois, par *De Larmessin*. Magnifique
ép., toute marge.

627 — Les deux Amis, par *De Larmessin*. Magnifique ép., toute marge.

628 **Laurin** (D'après). L'Anneau de Hans Carvel,
par *Aveline*, chez Charpentier. Superbe ép.,
marge, rare.

629 — L'Anneau de Hans Carvel, chez Buldet.
Superbe ép., toute marge, rare.

630 **Le Clerc** (D'après). Le Faiseur d'oreilles et le
Raccommodeur de moules, par *De Larmessin*.
Superbe ép., toute marge.

681 — Le Rossignol, par *De Larmessin*. Superbe ép., toute marge.

632 **Le Mesle** (D'après). Le Cuvier, par *Seinvork*. Belle ép.

633 — La Clochette, par *Filleul*. Superbe ép., marge vierge, rare.

634 **Lorrain** (D'après). La Chose impossible, par *Sornique*. Superbe ép., chez Charpentier, rare.

635 — La Chose impossible, superbe ép., chez Buldet, toute marge, rare.

636 **Pater** (D'après). Les Aveux indiscrets, chez *De Larmessin*. Superbe ép., marge vierge.

637 — Les Aveux indiscrets, contre-partie chez *Dupré*.

638 — Le Baiser donné. — Le Baiser rendu. 2 p., par *Filleul*, superbes ép., toute marge, adresse chez Filleul.

639 — La Courtisane amoureuse, par *Filleul*. Belle ép., sans marge.

640 — La Matrone d'Ephèse, par *Filleul*. Superbe ép., toute marge, chez Filleul.

641 — La Matrone d'Ephèse. Très belle ép., toute marge, chez *De Larmessin*.

642 — Le Cocu battu et content, par *Filleul*. Superbe ép., marge vierge.

643 — Le Glouton, par *Filleul*. Superbe ép., chez De Larmessin, toute marge.

644 — Le Savetier, par *Filleul*. Très belle ép., chez Buldet, grande marge.

645 **Ramberg**. Le Poirier enchanté. — Le Villageois qui cherche son veau. 2 p. ovales, in-fol., superbes. ... 48

646 — Joconde. — La Jument de compère Pierre. 2 p. ovales en travers, in-fol., superbes. ... 48

647 — Les Lunettes. Grand in-fol., sans marge. ... 48

648 — Le Rossignol. Grand in-fol. ... 40

649 **Vleughels** (D'après). La Bast, par *De Larmessin*. Magnifique ép., toute marge, rare. ... 100

650 — Le Villageois qui cherche son veau, par *De Larmessin*. Superbe ép., toute marge. ... 20

651 — Frère Luce, par *De Larmessin*. Très belle ép., toute marge. ... 17

652 — La Jument du compère Pierre, par *De Larmessin*. Très belle ép., toute marge. ... 20

653 **Conte de La Fontaine**. Le Cuvier, représenté par des enfants, **Dessin** crayon noir et blanc sur papier bleu, petit in-fol. ... 31

654 — Le Paysan qui a offensé son seigneur. **Dessin** crayon noir et blanc sur papier bleuâtre, grand in-fol., beau. ... 80

ESTAMPES DU XVIII° SIÈCLE

EN COULEUR

655 **Alix**. J.-B. Poquelin de Molière. Portrait petit in-fol. en couleur, d'après *Garneray*, la scène de Tartuffe au bas. Superbe ép., marge rare. Collection Muhlbacher. ... 95

656 **Anonyme.** L'amour à la cuisine. — L'amour au salon. 2 p. ovales in-8, en couleur, superbes.

657 — Scène d'amants. Petit rond, en couleur.

658 — Seront-ils toujours d'accord. Ovale en travers, en couleur, petit in-4.

659 — Jeune Homme un genou à terre, baise la main d'une jolie coquette. Rond in-4, en couleur, rare.

660 — *The hosse split.* Rond in-4, groupe de quatre femmes, superbe ép. en couleur d'un grande rareté. Collection Michelot.

661 — Femme qui s'éveille. — Autre qui réfléchit. 2 p. en couleur, rond in-8, marges, très rares. Collection Muhlbacher.

662 — La Gouvernante discrète. Rond in-8, en couleur, rare.

663 — Marchandes de cerneaux, — de fleurs. 2 p. ovales coloriées. Rares.

663 *bis* — Médailles : la Vendange. — Cornélie. Éducation maternelle. — Bel exemple donné aux mères; 3 petits ronds en couleur superbes. Collection Muhlbacher.

664 — Jolies Femmes, haute coiffure ornée de rubans. — Autre avec voile. 2 ovales in-8, en couleur.

665 — Le Silence. Jolie Femme, costume élégant, assise dans un parc. Rond in-8, en couleur. Collection Muhlbacher.

666 — La Rose ou Babet, charmant portrait. Ovale in-8, en couleur. Magnifique épreuve, marge. Collection Muhlbacher.

667 — Le Toucher. Ovale grand in-8, en bistre. 19
Très belle ép.; marge. Collection Michelot.

668 — La Fille engageante. Rond in-4, en bistre. 46
Superbe et très rare ép.

669 — Coucou. Rond pour tabatière, en couleur. 20
Superbe ép. Collection Muhlbacher.

670 — Coucou, le même en bistre. Magnifique ép., 19
toute marge. Collection Michelot.

671 — Riche intérieur. Une Soubrette remet une 161
boîte de bonbons à une jeune femme lisant
une lettre dans son lit; on aperçoit à droite,
par la porte entrebâillée, le visiteur. Superbe
épreuve avant toute lettre, en bistre, de la plus
grande rareté. Collections Béhague et Michelot.

672 **Bartolozzi**. Signora **Allegranti**. Ovale in-8, 15
en couleur. d'après *Cosway*. Superbe.

673 — **Marie-Christine**, archiduchesse d'Autriche, 130
gouvernante des Pays-Bas, sœur de Marie-
Antoinette. Grand in-fol. d'ap. *Roslin*. Superbe
épreuve en bistre, grande marge. Collection
Michelot.

674 — Jeune Fille coiffée d'un chapeau, d'après 6
Boucher. Ovale in-8, sanguine.

675 — Vénus et Adonis, d'après *Cosway*. Ovale 13
in-4, en bistre. Superbe ép., grande marge.

676 — Zéphyrus. — Flora. 2 ovales in-4, en cou- 17
leur, d'après *Colibert*. Superbes.

677 — Nymphs Bathing. — Nymphs after Bathing. 20
2 p. ovales in-4, en couleur. Très belles.

678 **Baudouin** (D'après). L'Éveillé, in-4 en bistre 60
par *Metz*. Superbe ép., marge, rare. Collection
Michelot.

Houz 40

679 **Beljambe.** Les Amants surpris : Pierrot se *5 Bert*
cache. Ovale in-4, en couleur.

680 **Bernard.** Mᵐᵉ **Dugazon**, profil en trait de *42 Mayer*
plume, in-fol., teinté de couleur. Très belle
ép., très rare. Collection Soleirol.

681 **Boillet** (J.-N.). Ariette de Rosette et Colas,
act. 5. Sanguine in-4, d'après *Doublet*, avant
chez Isabey. Extrêmement rare. Superbe ép., *140 Reboul*
grande marge. Collection Michelot.

682 — Quatuor de Lucile, act. 1. Sanguine in-4,
d'après *Doublet*. Superbe ép., grande marge,
très rare. Collection Michelot.

683 **Boilly** (D'après). Voilà ma mère, nous sommes *42 Laroque*
perdus. — Jouir par surprise, n'alarme pas la
pudeur. 2 p. petit in-fol. Superbes épreuves en
couleur, marges vierges.

Delay 5 — Roth. 50

684 **Bonnet.** Mᵐᵉ la comtesse **Du Barry**, grandeur *51 V...*
naturelle, d'ap. *Drouais*, fac-simile de dessin,
sanguine. Grand in-fol., marge. Collection
Michelot.

Delay 5

685 — Madame de **Pompadour**, buste grandeur *85 V...*
naturelle. Superbe fac-simile de pastel, par
l'impression en couleur. In-fol.

Houz 40

686 — Le Déjeuner, d'ap. *Huet*, charmante scène
de famille. Petit in-fol. en couleur. Magnifique
ép., grande marge.

Houz 40

687 — Le Goûter. Charmante composition en couleur, d'après *Baudouin*. Petit in-fol. Superbe
ép. Collection Michelot.

688 — Le Dîner : l'abbé s'est brûlé par le potage *365*
trop chaud. Petit in-fol. en couleur. Superbe *Laroque*
ép., toute marge.

689 — Lé Souper, d'après *Huet*. Petit in-fol. en
couleur. Superbe ép. Collection Michelot.

690 — La Jarretière. In-fol. en couleur. Magnifique
ép., toute marge. Collection Michelot.

691 — Études pour les demoiselles. 3 jolis costumes
de femmes, sanguines. Superbes. Collections
Behague et Michelot.

692 — L'agréable Résistance. — L'Accord heureux.
2 ovales in-8, en couleur. Superbes, rares.
Collection Michelot.

693 — Scènes de Jeannot, 7 p. et 2 copies. En tout
9 p. coloriées, très rares. Collection Michelot.

694 — Costumes d'hommes et de femmes, avec
hautes coiffures. 2 p. sanguines, petit in-fol.
Superbes ép., margés, très rares. Collection
Michelot.

695 **Bonnet** *direx*. Le Jeu de dames. — Le Jeu
de dominos. 2 p. sanguines, petit in-fol., très
belles, d'après *Le Clerc*. Collection Michelot.

696 — Le bon Logis. — A beau cacher. Scènes de
Paris, coin de la rue Neuve-des-Petits-Champs
et de la Vrillière. 2 p. sanguine, petit in-fol
avant toute lettre. Superbes et très rares.
Collection Michelot.

697 — Les mêmes avec la lettre, rue de la Vrillière
est effacé et autre chose. 2 p. sanguine, petit
in-fol. Superbes ép., marges.

698 — Bazile et Luzy. — Bazile et Laurette. 2 p.
in-4, en couleur, d'après *Aubry*. Superbes.

699 — Nymphe sortant du bain. — Nymphe de
Flore. 2 ovales in-4, en couleur, d'ap. *Barbier*.
Jolis sujets gracieux. Très belles ép.

700 — Toilette du soir. — Toilette du matin d'après
nature, par *Beaulier*. 2 p. sanguines, in-4.
Superbes ép., marges, rares. Collect. Michelot.

701 — Mᵐᵉ **Dugazon**, comédie italienne, rond en
couleur. Très rare.

702 **Boucher** (D'après). Femme presque nue, en
pied. Fac-simile de dessin crayon noir et blanc
sur papier bleu, par *Bonnet*. Petit in-fol.
Superbe ép., toute marge.

703 — Jeune Femme en pied assise. Sanguine
in-fol., par *Bonnet*. Superbe ép., marge vierge.

704 — Jeune Bergère et son enfant. Sanguine
in-fol., par *Bonnet*. Superbe ép., marge vierge.

705 — Jeune Femme qui se lève, parle à sa bonne
qui est dans la ruelle. Sanguine in-fol., par
Bonnet. Superbe ép., marge vierge.

706 — Érigone faisant manger du raisin à l'Amour.
Sanguine in-fol., par *Demarteau*. Superbe ép.,
marge (117).

707 — Vénus couchée sur le ventre. Sanguine
in-fol., par *Demarteau*. Superbe ép., marge (46).

708 **Carden**. Louisa Paolina Angélica **Cosway**
Etatis 5, en pied. Petit in-fol. en couleur.
Superbe ép., marge.

709 **Caricatures** coloriées. Foyer de la Montan-
sier, la Promenade à dessein. Superbe épreuve,
marge. Collection Muhlbacher.

710 — La petite Loge ou l'Archifou. Mˡˡᵉ Guizot
jouant de la flûte, Cambacérès applaudit.
Superbe ép., toute marge, rare.

711 — Les Décrotteurs artistes, Palais du Tribunal. Coloriée.

712 **Carré**. Les deux Lettres espagnoles. In-fol., d'après *Vali*, en couleur. Très belle ép., toute marge.

713 **Coutellier**. Mˡˡᵉ Colombe, l'aînée. Ovale in-4, en couleur. Superbe ép., toute marge.

714 — Mˡˡᵉ **Maillard**, de l'Académie royale de musique. Grand in-8, en couleur. Magnifique ép., marge petit in-fol.

715 — Mˡˡᵉ **Olivier**, de la Comédie-Française, rôle de Chérubin, dans le Mariage de Figaro. In-4, en couleur. Superbe ép., toute marge.

716 **Debucourt**. Le Coup de vent, d'ap. *C. Vernet*. Petit in-fol., en couleur. Superbe ép., toute marge. Collections Behague et Michelot.

717 — Le Modèle à barbe, d'après *C. Vernet*. Superbe ép. en bistre.

718 — Le Jour de barbe d'un charbonnier, d'après *C. Vernet*. Superbe ép. coloriée. Collections La Béraudière et Michelot.

719 — Passez-Payez, d'après *C. Vernet*. Superbe épreuve coloriée. Collections La Béraudière et Michelot.

720 — Écuyère légèrement vêtue, fait sauter son cheval par dessus une corde tendue. — Écuyer en équilibre sur un cheval au galop. 2 p. grand in-fol., en couleur, d'après *C. Vernet*. Superbes ép., toute marge.

721 — Frascati, d'après un croquis pris sur le lieu. Magnifique ép. en couleur, marge vierge, de la plus grande fraîcheur et de la plus belle condition.

722 **Demarteau**. Ninette : Mme **Favart**. In-4, sanguine d'après Boucher (179). Belle ép., marge.

723 — Vénus et l'Amour, sur son char, d'après *Boucher* (74). Sanguine in-4. Superbe.

724 — Vénus couchée, d'après *Boucher*. Sanguine in-fol. (83). Superbe.

725 — Femme couchée dormant, d'après *Boucher*. Sanguine in-fol. (87). Superbe.

726 — Têtes de jeunes filles, d'après *Boucher* (89-90). In-4, 2 sanguines. Superbes.

727 — Têtes de jeunes filles, d'après *Boucher* (91-92-132). 3 p. sanguines. Superbes.

728 — Femme couchée dormant, In-4. Sanguine, d'après *Boucher* (138). Superbe.

729 — Vénus couchée dormant, d'après *Boucher* (161). Sanguine in-fol. Superbe ép., marge.

730 — Vénus réveillée par Zéphir, in-4, d'après *Boucher* (193), sanguine. Superbe.

731 — Léda. In-4 d'après *Boucher* (220). Sanguine. Superbe. Collections Soleil et Michelot.

732 — Jeune Fille nue tenant un panier de fleurs, d'après *Boucher*. In-4, sanguine (221). Superbe.

733 — Femme nue dormant couchée sur un canapé (227), d'après *Boucher*. Sanguine in-4. Superbe.

734 — Diane nue vue de dos, couchée près de sa chasse. In-fol., d'ap. *Boucher* (240). Sanguine. Superbe ép., marge.

735 — Têtes de jeune fille et d'enfants (257-269-270). 3 sanguines in-4, d'après *Boucher*. Superbes.

736 — Vénus debout vue de dos, et l'Amour, in-4, d'après *Boucher* (319). Charmante pièce, sanguine. Superbe ép.

737 — Jeunes Filles qui baignent leurs jambes, in-4, d'après *Boucher*. Superbe ép. sanguine (320).

738 — Vénus debout appuyée sur un fut de colonne, d'après *Boucher*. Sanguine (321). Superbe ép. in-4.

739 — Jeune Femme appuyée contre un fût de colonne, elle caresse un chien; l'amour enchaîné dort à ses pieds. Grand in-4, d'après *Boucher* (322). Sanguine, très belle.

740 — Jolie jeune Femme qui allaite son chien, près de son chat, d'après *Boucher*. Ovale très grand in-8 (323). Superbe, sanguine.

741 — Deux Nymphes, deux Amours et un Cygne, d'après *Boucher*. Sanguine in-4 (345). Superbe.

742 — Le Marchand d'huîtres. — La Marchande de lait (454-455). 2 fac-similé, crayons noir et rouge, d'ap. *Clermont*. Grand in-4. Superbes.

743 — Nymphe sur un dauphin, d'après *Huet*, légèrement coloriée. Superbe ép. in-4 (553).

744 — Tête de jeune femme coiffée d'un chapeau avec des plumes. Grand in-8, sanguine. Superbe.

745 **Descourtis**. Départ de l'enfant prodigue. — L'Enfant prodigue en débauche. 2 p. in-fol., en couleur, d'après *Taunay*. Superbes ép., marges vierges.

746 — Foire de village. — Noce de village. 2 p. in-8
en couleur, d'ap. *Taunay.* Superbes épreuves,
marges, rares.

747 **Duhamel.** Costumes de femme, d'homme,
chapeau. — Petit Garçon, petite Fille. —
Bourgeois et Bourgeoise de Paris. 3 p. coloriées.

748 **Fragonard** (D'après). *New Thought.* Petit
rond par *Picot*, sanguine. Très belle ép.

749 **Goepffert.** La Toilette de Vénus. — La
Nymphe au bain. 2 p. in-8, en couleur.

750 **Gouy** (De). Chu-u-u, d'après *Challe.* Ovale
in-8, en travers. Superbe ép.

751 — La Comparaison des petits pieds. — Le
Modèle disposé. — Prélude de Nina. — Gala-
thée et Élicio. — Galathée en pleurs. — Les
Grâces. 6 ronds en couleur pour tabatières.
Très belles ép., rares. Collection Muhlbacher.

752 **Holland** (Chez W.). Vente des Beautés an-
glaises aux Indes Orientales. Grand in-fol.
colorié, rare. Collections Michelot et Muhlbacher.

753 **Hourdain.** Marie-Thérèse Charlotte de France.
In-8 en bistre. Très belle ép., toute marge.

754 **Janinet** (F.). Nina, d'après *Hoin* : Portrait de
Mᵐᵉ **Dugazon**, dans le rôle de Nina ou la Folle
par amour, assise dans un jardin. In-fol. en
couleur.

Magnifique épreuve avant toutes lettres, de la plus grande
fraîcheur, marge vierge. De la plus grande rareté dans cet
état et dans cette condition; Collection Muhlbacher.

755 — Mlle **Colombe**, rôle de Bélinde dans la Colonie. — Mlle **Contat**, rôle de Mme Randan. 2 p. in-8, en pied en couleur. Superbes ép., marge.

756 — Mlle Fleury. — Fleuri. — Granger. — Molé. — Naudé. — Saint-Fal. — Mlle Saint-Val. 7 p. in-8 en couleur, toute marge.

757 — Desessarts. — Dugazon. — Granger — et Costumes. 7 p. in-8.

758 — **Le Kain.** Rôle de Mahomet, ovale in-8, en couleur, d'après *De la Tour*. Superbe ép.

759 — Mlle **Saint-Huberti**, de l'Académie royale de musique, profil à droite, d'après *Le Môine*, in-8. Belle ép., marge. ... 14

760 — Les Trois Grâces, d'après *Pelegrini*, in-fol. en couleur. Superbe ép. avant la lettre et avant les guirlandes de roses. ... 50

761 — Quatre Sujets ronds sur la même feuille : Jeune Femme sous son ombrelle. — Musicienne qui se repose. — Deux Amants. — Jeune Femme qui se mire, costumes époque Louis XVI. Magnifique ép. avant toute lettre, en couleur. Collection Muhlbacher. ... 185

762 — 1790. Projet d'un groupe : Henri IV et Louis XVI, destiné à une place publique, d'après *Moreau*, costumes et voiture. Magnifique ép. en couleur, in-fol. avant la lettre, marge. ... 140

763 **Jazet.** Mœurs du XIXe siècle. Les petits Bourgeois parisiens en partie de campagne ou le diner renversé. — La Pluie d'orage ou le désagrément de diner en plein air. — Une ... 140

Heure avant le concert ou les musiciens à
table. — Une Heure de retard pour le concert
ou les musiciens en route par une averse. 4 p.
petit in-fol., coloriées. Superbes ép., marge.
Collection Muhlbacher.

764 **Kauffman** (D'après Ang.). La duchesse de
Devonshire et la vicomtesse **Duncannon**, en
pied, assises dans un parc. Ovale in-fol., par
Dickinson, légèrement teinté de couleur. Superbe ép., toute marge.

765 — Lady **Rushout** et Daughter. Ovale in-fol.,
par *Burke*. Superbe ép. en couleur, toute
marge.

766 **Lavrince** (D'après). Nina, par *Colinet*. Portrait
de Mme **Dugazon**, petit in-fol. Superbe ép. en
bistre, marge.

767 — Ah! le joli petit chien, in-4 en couleur, par
Janinet (27). Magnifique ép., marge vierge, de
la plus grande fraîcheur, très rare de cette
condition. Collection Muhlbacher.

768 — Le petit Conseil, in-4 en couleur, par *Janinet*
(48). Magnifique ép., marge vierge, de la plus
grande fraîcheur, très rare de cette condition.
Collection Muhlbacher.

769 — Les trois Sœurs au parc de Saint-Cloud, par
J.-B. Chapuy. Grand in-4 en travers en couleur.
Superbe ép., toute marge (E.-B. 11).

770 — Les Grâces parisiennes au bois de Vincennes.
Grand in-4 en couleur. Superbe ép. toute marge
(E.-B. 50).

Ces deux pièces sont de la plus grande rareté de cette
condition. Collection Muhlbacher.

771 **Le Beau**. Tiens! c'est mon valet Lafleur. — Faites la paix. — C'est inconcevable. 3 p. sanguine, costumes du Directoire. Superbes ép., toute marge.

772 — La Partie d'œufs frais. Ovale in-4, colorié. Très belle ép.

773 **Le Clerc** (D'après). Lévite simple vue par derrière. Grand in-4, par *Pélicier*. Costume de femme, colorié.

774 **Le Clerc**. Tête de jeune fille. — Étude du dessin. 2 p. ovales, sanguines. Très belles.

775 **Legrand**. *Orange girl*. Ovale in-4, en couleur. Superbe ép., marge vierge.

776 **Leroy** (Alphonse). Mme de **Talhouet**, duchesse d'Uzès, 1818-1863, d'après *Ad. Brune*, grandeur naturelle, imprimé en couleur à quatre planches. Superbe et très rare ép., toute marge.

777 **Levachez** fils. Vénus entrant au bain soutenue par deux cygnes. — Vénus au bain. 2 p. in-4, en couleur, d'après *Cosway*. Très belles ép., rares.

778 **Mallet**. La Ravaudeuse. Petit in-fol., d'après *Briche*, en couleur, rare. Collection Michelot.

779 **Mallet** (D'après). Le petit grand Sultan (c'est l'Amour). Rond en bistre in-8, par *Benoist*. Superbe ép. collée. Collection Michelot.

780 — Par ici! — Chit chit! jolies femmes à leurs fenêtres. 2 p. par *Copia*, in-4 en bistre. Superbes ép., grandes marges.

781 **Monsaldy**. Mme Dugazon, d'après *Isabey*, superbe ép. en couleur, in-8, toute marge, in-4.

782 **Peacock** (Chez). Scarching for smuggled goods not fairly entered, in-4, sanguine, très rare.

783 **Pierre** (D'après). Mˡˡᵉ **la Chantrie** de l'Opéra, tête grandeur naturelle, sanguine par *Gillberg*, superbe ép., toute marge.

784 **Regnault**, *inv. Pinxit et Sculpsit*. Le Lever, in-4, en couleur, magnifique ép. avant toute lettre, grande marge, avec des essais de pointes dans les marges, très rare de cette condition. Collection Muhlbacher.

785 — Le Bain, d'après *Baudouin*, in-4, magnifique ép. avant toute lettre, en couleur, peu de marge. Collection Muhlbacher.

786 **Reynolds**. Mᵐᵉ **Grassini** dans Zaïre, d'après Mᵐᵉ *Lebrun*, grand in-fol., en couleur, très belle ép., grande marge.

787 **Romney** (D'après). Mʳˢ Jordan in the caracter of The Country Girl, in-fol., par *Ogborne*, en couleur, charmant portrait à mi-corps, superbe ép., toute marge. Collection Michelot.

788 **Rowlandson**. Mᵐᵉ **Very**, restaurateur Palais-Royal. *Paris*, 1814. — *La belle Liminaudiere au caffée de mille collone Palais-Royale. Paris*, 1814; petit in-fol., colorié, raré. Collection Muhlbacher.

789 **Rowlandson** (D'après). Vaux-Hall. Une jolie Chanteuse en avant d'un orchestre, attire les regards de la foule réunie dans le jardin. Composition amusante, superbe ép., très grand in-fol., en bistre, marge.

790 **Saint-Aubin** (D'après). La Savonneuse, in-4, superbe ép. en couleur, avant toute lettre.

791 — Validé ou Sultane mère, par Mme *Lingée*. Superbe ép. in-4 en bistre.

792 — *The first come best served*. Le premier arrivé est le mieux servi. — *The place to the first occupier*. La place est au premier arrivant. 2 p. ovales, in-4, en travers, magnifiques ép. avant toute lettre en bistre. Collection Muhlbacher.

793 **Schall** (D'après). L'Amant surpris. — Les Espiègles. 2 p. grand in-fol. en couleur, par *Descourtis*, magnifiques ép., grandes marges de la plus grande fraîcheur. Collection Behague et Michelot.

794 **Schenker**. La Boudeuse. — La Brodeuse. — La Frileuse. — La Vielleuse. 4 femmes en pied, d'après *C. Vernet*, en couleur, superbe ép., in-fol., toute marge, très rares. Collection Muhlbacher.

795 — Scène de Fanchon la Vielleuse, 5 personnages, in-fol., avant la lettre, en couleur, très belle ép.

796 **Smith**. Society in solitude. — Contemplating the picture. 2 p., ovale in-4, en couleur, superbes ép., marges vierges.

797 **Stubbs** (Townly), 1783. Savoir vivre sans six sous, joli costume, sanguine in-4, superbe ép. marge, rare. Collection Michelot.

798 **Tomkins**. Maternal love, ovale petit in-fol., en couleur, d'après Russel (c'est **Marie-Antoinette** et son fils), très belle ép., très rare.

799 **Vangorp** (D'après). Le Déjeuner de Fanfan, superbe ép. in-fol., en couleur, par *Malles*, avant toute lettre, marge. Collection Michelot.

800 **Vanloo** (D'après). Le Coucher, par *Chaponnier*, in-4, en couleur, superbe.

801 **Vernet** (D'après C.). Fanchon la vielleuse, in-fol., en pied, en couleur, superbe ép., toute marge.

802 **Verzy**. Une Mère bien tendre est toujours bien chérie. — En partageant nos jeux tu nous les rends plus doux. 2 p. coloriées, in-4, marge, in-fol., rares.

803 **Villeneuve** (Chez). L'Aristocrate, maudite révolution. — La Démocrate. Ah l'bon décret. 2 p. ovales, in-8, magnifiques ép., toute marge, très rares. Collections Dubois et Michelot.

804 **Watteau** (D'après). Cris et Costumes de Paris : La Marchande d'oranges. — Le Marchand d'orviétans. — Marchande de modes. — Marchande de bouquets. — Jeune Élégant au Palais-Royal. — Marchande d'huîtres. 6 p., grand in-8, en couleur, par *Guyot,* superbes ép., très rares.

805 **Wilkin**. Lady-Charlotte **Duncombe**, d'après *J. Hoppner*, in-4, magnifique ép. en bistre, avant la lettre, grande marge. Collection Michelot.

806 — Charlotte de **Saint-Asaph**, d'après *J. Hoppner*, in-4, magnifique ép. en bistre, avant la lettre, grande marge. Collection Michelot.

807 **Pièces en couleur**. Cérès. La Mort de Robin, la prière. — Paysanne de la Maurianne, Balançoire, Pastorale. 6 p.

808 — Sacrifices à Vénus, ovale in-8, en bistre, avant toute lettre, avec la lettre sanguine. 2 p.

809 — Hébé? petit rond, magnifique ép. en couleur.

810 — Léda?. Baigneuse se sauvant d'un cygne, petit rond, superbe ép. en couleur.

811 — L'Amour désarmé, petit rond en couleur.

812 — Les Caresses de l'amour et autre sanguine. 2 petits ronds.

DESSINS, PORTEFEUILLES
BOITES

813 BLONDEL. Réunion d'amours dans un entourage, dessin à l'encre de Chine, a été gravé par Joullain, pour un Molière, in-8, en travers.

814 PAJOU. L'Amour désarmé, à la salle d'Opéra, à Versailles, pierre d'Italie, in-fol., signée. Collection Michelot.

815 SAINT-AUBIN (Aug. de). Vieille présentant ses lunettes à la statue de l'amour, sur le piedestal: Ils sont passés ces jours de fête, sujet gracieux, rond in-8, superbe aquarelle.

816 **Costumes turcs.** Hamoud-Beg-Effendi.
Derviche de Bassora. 2 aquarelles.

817 **Portefeuille** rouge, dos et coins en veau
vert, trois toiles vertes glacées, 112 centim.
sur 83, superbe presque neuf.

818 — Papier marbré, bordé en parchemin vert,
trois toiles vertes, 75 centim. sur 58, superbe.

819 — Papier marbré, bordé en parchemin vert,
trois toiles vertes, 68 centim. sur 50, superbe.

820 — Papier marbré, bordé en parchemin vert,
trois toiles vertes, 50 centim. sur 35, superbe.

821 **Boîtes** en carton avec deux divisions à cou-
lisses, de 50 centimètres de long sur 35 de
large et 23 de hauteur, très solides, très belles,
5 boîtes. pourront être divisées.

Vᵉ Renou, Maulde et Cock, impr⁵ de la Cⁱᵉ des Commissaires-Priseurs,
rue de Rivoli, 144.   34444.

VIGNÈRES

Rue de la Monnaie, 21 (ancien 13), à l'entre-sol.

ESTAMPES ANCIENNES & MODERNES

Éditeur des Eaux-Fortes, Paysages et Plantes

DE M. Eug. BLERY,

Collection de plus de 50,000 Portraits différents

ANCIENS ET MODERNES

Classés comme suit et par ordre alphabétique

ÉCRIVAINS. Littérateurs, Poëtes, Géographes, Mathématiciens.
ARTISTES. Peintres, Sculpteurs, Architectes, Graveurs.
MUSICIENS. Compositeurs et Exécutants.
ACTEURS et ACTRICES de toutes époques et de tous pays.
MÉDECINS. Botanistes, Chirurgiens, Minéralogistes, Naturalistes.
ECCLESIASTIQUES. Religieux, Catholiques, Réformés, Juifs.
CARDINAUX. — PAPES. — SAINTS et SAINTES.
DIVERSES CÉLÉBRITÉS. Chanceliers, Juges, Militaires, etc., etc.
RÉVOLUTIONS et EMPIRE. Députés et Généraux.
FEMMES CÉLÈBRES en tous genres.
CONDAMNÉS pour crimes, vols; Scélérats divers.
ORIENTAUX. Doges, Perses, Turcs, etc.
POLONAIS. Hongrois, Russes, etc.
ANTIQUES. Personnages célèbres de l'Antiquité (Grecs et Romains).
ROIS ÉTRANGERS et MAISONS PRINCIERES françaises et étrangères.
ROIS DE FRANCE classés chronologiquement.
COLLECTION classée par ordre alphabétique de Graveurs anciens
et modernes.
PORTRAITS en BISTRE. Collection de portraits inédits ou rares
reproduits nouvellement par la gravure.

Plus de 1,200 Portraits différents de la Galerie de Versailles

Très-convenables pour les illustrations et pour joindre avec les AUTOGRAPHES
étant tirés à part in-4.

*Le Catalogue détaillé par ordre alphabétique : **1 fr.***

Afin de faciliter les recherches des amateurs de Portraits, soit
pour les illustrations, soit pour les collections d'autographes ou
autres, *trois catalogues détaillés* (n°s 1, 2, 3), de quelques collections de portraits qui peuvent se trouver chez moi, classés par
ordre alphabétique, seront remis ou envoyés aux personnes qui en
feront la demande affranchie.

www.ingramcontent.com/pod-product-compliance
Ingram Content Group UK Ltd.
Pitfield, Milton Keynes, MK11 3LW, UK
UKHW022331070726
13614UKWH00003B/1041